Katzenfreude

ein vergnügen für alle sinne

eva-maria stadler und isabel wintterlin

Katzenfreude

ein vergnügen für alle sinne

Inhalt

Katzen verzaubern ...	Intro	8
Göttlich ...	Ihre Geschichte führt ins alte Ägypten	10
Der Fuchs und die Katze	Märchen der Brüder Grimm	14
Faszinierende Schönheit	Purer Augenschmaus	18
Der gestiefelte Kater	Märchen der Brüder Grimm	34
Katzenkinder	Einfach »zum Fressen«	40
Scharfe Sinne	Beeindruckende Details	52
Alles mit der Katz	Schönes, Nützliches, »Wertvolles«	56
... so ein Katzenjammer	Die schönsten Redensarten	60
Glückliches Landleben	Nach Lust und Laune	62
Das Kätzchen und die Stricknadeln	Märchen von Ludwig Bechstein	74
Naschkatzen	Süße Leckereien	78
Cats, cats, cats	Nettes und Interessantes	82
Geheimnisvolle Zauberwesen	Magie und Mythos	84
VIPs	... berühmt, bekannt, beliebt ...	88
Gemütliches Schläfchen	Zeit zum Kuscheln, Schnurren, Schlafen ...	90
Katzengalerie	Alle Hauptdarsteller auf einen Blick	94

Dem Volksglauben nach bringen dreifarbige Katzen Glück und schützen das Haus vor Gefahren. Daher der Name **Glückskatzen**.

»Wo immer sich eine Katze niederlässt,
wird sich das Glück einfinden.«

Sir Stanley Spencer

Katzen verzaubern...

... sie schnurren, maunzen, sind anschmiegsam, verspielt und strahlen eine wunderbare Ruhe aus. Dann wieder haben sie ihren eigenwilligen Kopf, fauchen wild, zeigen Krallen und scheinen nicht zähmbar. Gehen sie auf Streifzug, spielen sie all ihre Trümpfe aus.

Katzen strahlen eine Faszination aus, der man sich kaum entziehen kann. Gerade wegen ihrer Unabhängigkeit und ihrem eigenständigen Charakter sind sie zu einem hochgeschätzten, lieb gewonnenen Haustier, Freund und Begleiter in unserem Leben geworden.

Genießen Sie auf den nächsten Seiten den Charme dieser bezaubernden, geheimnisvollen und intelligenten Wesen.

Göttlich ...
ihre Geschichte führt ins alte Ägypten

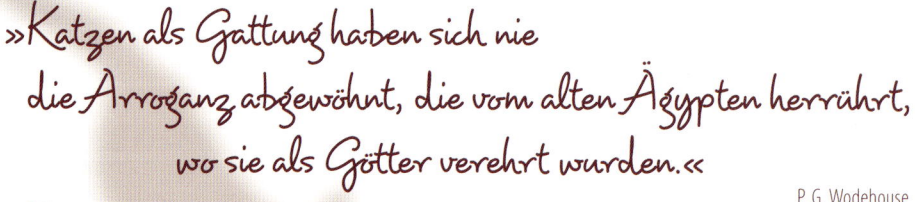

> »Katzen als Gattung haben sich nie
> die Arroganz abgewöhnt, die vom alten Ägypten herrührt,
> wo sie als Götter verehrt wurden.«
>
> P. G. Wodehouse

Die ersten Vorfahren unserer Hauskatzen gab es schon vor etwa 7 Millionen Jahren, die Wildkatze (*Felis silvestris*). Alle Hauskatzen stammen zweifelsfrei von der Afrikanischen oder Nubischen Falbkatze (*Felis lybica*) ab. Ihre Domestikation begann im Mittelmeerraum vor etwa 9500 Jahren und fand vor ca. 4000 Jahren in Ägypten ihren Höhepunkt.

Der ägyptischen Göttin Bastet war die Löwin heilig. Die bequemere und handlichere Falbkatze war das verkleinerte und leichter zu haltende Symbol der Löwin. So wurde die Katze das heilige Tier der Königin Bastet und als solches verehrt. Der Königin verlieh man daher den Namen Katzenkönigin, ein einzigartiger Katzenkult begann. Dies bestätigen auch die ältesten Katzenmumien, die man unter anderem in Bubastis fand. Aus der Falbkatze entstand nun eine Zuchtform, die der Ursprung der zahmen Hauskatze war. Es gab bereits eine große Variabilität der Ohrform, der Farbe sowie alle möglichen Schattierungen außer Weiß und Schwarz.

Nach Mitteleuropa kam die Hauskatze erst durch die Römer und fand in der Völkerwanderungszeit auch im Norden weitere Verbreitung. Die dort heimische Waldwildkatze kreuzte sich mit streunenden Hauskatzen. Die fortschreitende Wildkatzenausrottung verstärkte dies, denn dem Wildtier fehlte dadurch oft ein ebenbürtiger Geschlechtspartner. Diesem Umstand verdanken unsere Hauskatzen einen gehörigen Anteil Wildkatzenblut – vielleicht eine Erklärung ihres einmaligen Wesens.

Im frühen Mittelalter genoss die Katze keine große Bedeutung. Jedoch mit zunehmender Ausbreitung eingeschleppter Schädlinge wie Ratten und Mäusen und deren notwendiger Bekämpfung wuchs ihr Stellenwert im Spätmittelalter.

Im Lauf der Zeit wurde die Züchtung verschiedener Hauskatzenrassen immer ausgeprägter, wobei das Augenmerk auf Haarbeschaffenheit, Farbe und Schwanzlänge gelegt wurde. Es entwickelten sich z. B. Siam-, Abessinier-, Perser-, Angorakatzen und die stummelschwänzigen Katzen, die man von der Insel Man kennt.

Die Beliebtheit und Schönheit dieser faszinierenden Tiere war ein Grund, um eine große Vielzahl an unterschiedlichen Rassen zu züchten.

Der

Fuchs und die Katze
Märchen der Brüder Grimm

Es trug sich zu, dass die Katze in einem Walde dem Herrn Fuchs begegnete, und weil sie dachte: Er ist gescheit und wohlerfahren und gilt viel in der Welt, so sprach sie ihm freundlich zu. »Guten Tag, lieber Herr Fuchs, wie geht´s? Wie schlagt Ihr Euch durch in dieser teuren Zeit?« Der Fuchs, alles Hochmutes voll, betrachtete die Katze vom Kopf bis zu den Füßen und wusste lange nicht, ob er eine Antwort geben sollte. Endlich sprach er: »O, du armseliger Bartputzer, du buntscheckiger Narr, du Hungerleider und Mäusejäger, was kommt dir in den Sinn? Du unterstehst dich zu fragen, wie mir´s geht? Was hast du gelernt? Wie viele Künste verstehst du?« – »Ich verstehe nur eine einzige«, antwortete bescheidentlich die Katze. »Was ist das für eine Kunst?«, fragte der Fuchs. »Wenn die Hunde hinter mir her sind, so kann ich auf einen Baum springen und mich retten.« – »Ist das alles?«, sagte der Fuchs. »Ich bin Herr über hundert Künste und habe überdies noch einen Sack voll Listen. Du jammerst mich, komm mit mir, ich will dich lehren, wie man den Hunden entgeht.« Indem kam ein Jäger mit vier Hunden daher. Die Katze sprang behänd auf einen Baum, wo Äste und Laubwerk sie völlig verbargen. »Bindet den Sack auf, Herr Fuchs, bindet den Sack auf!«, rief ihm die Katze zu, aber die Hunde hatten ihn schon gepackt und hielten ihn fest. »Ei, Herr Fuchs«, rief die Katze, »Ihr bleibt mit Euren hundert Künsten stecken! Hättet Ihr heraufkriechen können wie ich, so wär´s nicht um Euer Leben geschehen.«

Mausefallen-Sprüchlein

Kleine Gäste, kleines Haus,
liebe Mäusin oder Maus,
stell dich nur kecklich ein
heut Nacht bei Mondenschein!
Mach aber die Tür fein hinter dir zu,
hörst du?
Dabei hüte dein Schwänzchen!
Nach Tische singen wir,
nach Tische springen wir
und machen ein Tänzchen:
Witt, witt!
Meine alte Katze tanzt wahrscheinlich
mit.

Eduard Mörike

»Die Katze lauert stumm und still,
wenn sie Mäuse fangen will.«

Sprichwort

»Auf leisen Pfoten kommen sie wie Boten der Stille, und sacht, ganz sacht, schleichen sie in unser Herz und besetzen es für immer mit aller Macht.«

Eleonore Gualdi

Faszinierende
Schönheit
purer augenschmaus

Jede Katze hat etwas Besonderes und besticht durch ihre ganz eigene Schönheit.

Möchten wir diese Schönheit beschreiben, fasziniert uns zuerst ihr geheimnisvoller Blick. Wunderschöne, ausdrucksvolle Augen, denen absolut nichts entgeht. Klare funkelnde Farben lassen jeden Blickkontakt zu einem magischen Moment werden.

Ein Fell, glänzend wie Samt und Seide. So verschieden wie die Farbschattierungen sind auch Haarlänge, Fellstruktur und Fellmuster. Getigert, gefleckt, gestreift oder gestromt. Alle Katzen haben eine unverwechselbare Zeichnung, selbst bei einfarbigen Tieren sind charakteristische Merkmale zu erkennen.

Ihr geschmeidiger Körper ist die pure Anmut. Grazile Bewegungen verschmelzen mit Kraft und Geschicklichkeit. Lautlos schleichen sie auf ihren weichen Samtpfoten.

All diese Eigenschaften lösen immer wieder große Bewunderung aus und sind ein besonderes Vergnügen für alle Sinne.

Bei den eleganten **Russisch-Blau-Katzen**, die nicht zu Unrecht auch als Aristokraten in der Katzenwelt bezeichnet werden, kann man den Begriff Samtpfoten wörtlich nehmen. Ihr Fell ist wirklich einzigartig. Jede Berührung fühlt sich unvergleichlich weich und seidig an. Da versteht sich eine besonders sorgfältige Pflege und ein ausgiebiger Schönheitsschlaf von selbst.

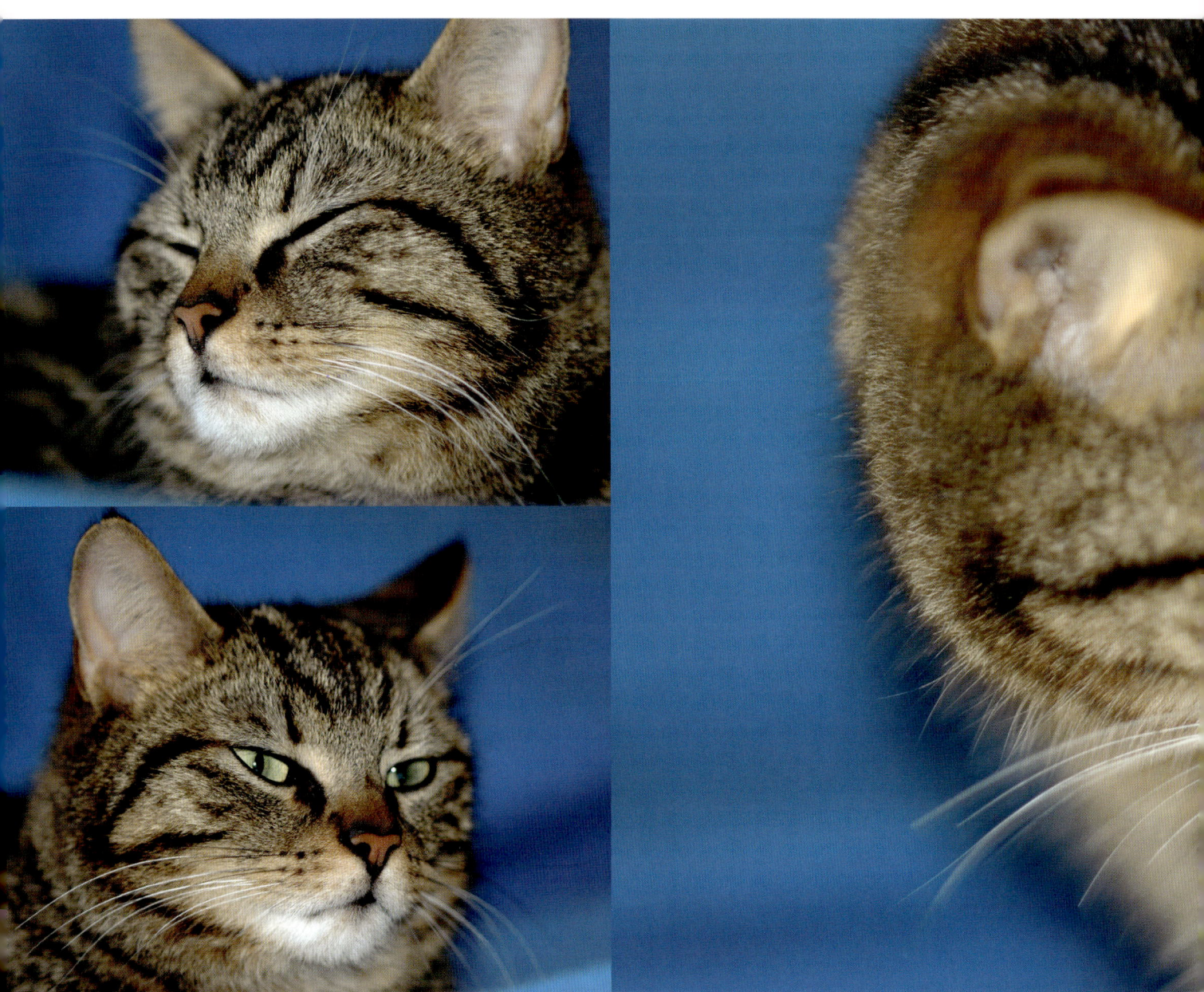

»Wenn du ihre Zuneigung
verdient hast,
wird eine Katze dein Freund sein,
aber niemals dein Sklave.«

Théophile Gautier

»Es gibt wenig Tiere,
in deren Gesicht der Kundige
so eindeutig die augenblickliche
Stimmung lesen könnte
wie in dem einer Katze.«

Konrad Lorenz

»Katzen verzaubern mit Blicken.«

Anais Haupt

Eine freundliche, unkomplizierte Rasseschönheit ist die **Sibirische Waldkatze.** Ihr weiches kuscheliges Fell ist nicht nur wunderschön, sondern sehr dicht und Wasser abweisend, was die temperamentvolle Halblanghaarkatze besonders robust macht.

Die edle Optik trügt nicht, Katzen halten, was ihre grenzenlose Schönheit verspricht.
Das Streicheln einer Katze beruht auf dem Bedürfnis und dem Wunsch nach Nähe – ein absolutes Glücksgefühl. Warm, weich, wie Samt und Seide, flauschig, wunderbar kuschelig, jede Berührung ein Erlebnis. Ausgiebige Streicheleinheiten dankt sie uns mit wohligem Schnurren, das ihren Körper sanft vibrieren lässt. Purer emotionaler Genuss für beide Seiten.

»Wenn ich dich geruhsam streichle, am Kopf und auf dem schlanken Rücken, so bebt die Hand mir vor Entzücken, auf dass ich dich noch mehr umschmeichle.«

Charles Baudelaire

Ein Fell wie Nougat
Burma-Katzen, die freundlich eleganten Athleten, sind ausgesprochen beliebt. Ihrem charmanten Wesen verdanken sie ihren Beinamen »Menschenkatze«.

»Komm, meine schöne Katze,
an mein verliebtes Herz;
zieh nur die Krallen deiner Tatze ein
und lass mich tief in deine schönen
Augen tauchen, in deren Glanz
Metall sich und Achat vermischen..«

Charles Baudelaire

wilde schönheit

»Eine Katze ist ein Zwerglöwe, der Mäuse liebt, Hunde hasst und den Menschen gönnerhaft behandelt.«

Oliver Herford

Ragdolls sind ausgesprochen hübsch, verspielt und sehr sanft. Ihr neugieriges, gutmütiges und ausgeprägtes soziales Wesen macht sie immer beliebter.

»Es gibt nichts Weicheres,
nichts, was sich feiner,
zarter und wertvoller anfühlt
als das Fell einer Katze.«

Guy de Maupassant

Der gestiefelte Kater

Märchen der Brüder Grimm

Es war einmal ein Müller. Der besaß eine Windmühle und drei Söhne, weiters einen Esel und einen Kater. Die drei Söhne arbeiteten von klein auf, mussten Getreide mahlen, der Esel Mehl tragen und die Katze die Mäuse fangen.

Als der Müller starb, teilten sich die drei Söhne das Erbe. Der älteste bekam die Windmühle, der zweite den Esel und der dritte den Kater, weil sonst nichts mehr übrig war. Da war der jüngste sehr traurig und meinte zu sich selbst:

»Ich bin am allerschlechtesten weggekommen. Mein ältester Bruder kann mahlen, der andere auf dem Esel reiten – aber was kann ich mit dem Kater anfangen? Wenn ich mir aus seinem Fell ein Paar Pelzhandschuhe machen lasse, wäre das alles, was ich dann besitze!«

»Hör zu«, begann der Kater zu flüstern, »du brauchst mich nicht zu töten. Bekommst nur ein Paar schlechte Handschuhe aus meinem Fell! Aber lass mir schöne, hohe Stiefel machen, dass ich ausgehen und mich unter den Leuten sehen lassen kann, dann wird auch dir geholfen werden!«

Der Müllerssohn wunderte sich, dass der Kater so verständlich redete. Da er aber gerade an einem Schusterladen vorüberging, rief er den Kater herbei und ließ ihm ein Paar prächtiger neuer Stiefel anfertigen. Es dauerte nicht lange. Als sie fertig waren, zog sie der Kater an, nahm einen Sack über die Schulter, nachdem er zuvor etwas darein gegeben hatte, und ging auf zwei Beinen, wie ein Mann, zur Tür hinaus.

In diesem Land regierte zu jenen Zeiten ein König, der allzu gerne Rebhühner aß.

Obgleich zwischen den Ackerfurchen recht viele liefen, waren die Tiere so scheu, dass die Jäger keine erlegen konnten. Dies wusste der Kater und überlegte, wie er die Sache besser anstellen könnte. Als er an die Waldgrenze kam, machte er den Sack auf, streute Korn umher und legte die Schnur, mit der er den Sack zugebunden hatte, in das Gras. Das andere Schnurende führte er hinter eine Hecke. Dort versteckte sich der Kater und lauerte auf seine Opfer.

Die Rebhühner kamen gar bald aus dem Acker gelaufen, fanden das Korn und hüpften in ihrer Gefräßigkeit eins nach dem anderen in den Sack. Als eine stattliche Anzahl drin war, zog der Kater mit der Schnur den Sack zu, lief dann hervor, schulterte die schwere Last und eilte geradewegs nach des Königs Schloss. Vor dem Tore des gewaltigen Königssitzes angelangt, rief sofort der Wachtposten: »Halt, wohin?«

»Zum König«, antwortete der Kater kurzweg.

»Bist du verrückt? Ein Kater will den König sprechen?«

»Lass ihn doch gehen«, meinte der andere Posten, »ein König hat gewiss oft Langeweile. Vielleicht macht ihm dieser Kater Vergnügen.«

Als der Kater dann vor den König trat, machte er eine tiefe Verbeugung und begann mit kräftiger Stimme:

»Mein Herr, der Graf«, dabei nannte er einen langen und vornehmen Namen, »lässt sich seinem König und Landesherrn ergebenst empfehlen und schickt durch mich diese Rebhühner.«

Der König war über die fetten Hühner ganz besonders erfreut und gewährte dem Kater so viel Gold aus seiner Schatztruhe in den Sack zu tun, als drin Platz wäre und er tragen könne.

»Das bring deinem Herrn und bestelle ihm meinen Dank für sein Geschenk!«

Der arme Müllerssohn aber saß daheim an seinem Fenster, stützte den Kopf auf die Hand und trauerte, dass er sein allerletztes Geld für die Stiefel ausgegeben habe. Was würde ihm denn der Kater schon dafür bringen? Im selben Augenblick knarrte die Tür, der Kater trat ein und warf den Sack von seinem Rücken. Dann schnürte er ihn auf und schüttete das Gold vor den armen Müllerssohn, während er hinzufügte:

»Hier – für die Stiefel, die du mir machen ließest. Der König lässt dich grüßen und dir Dank sagen!«

Der Müllerssohn war glücklich über den Schatz, obgleich er sich nicht erklären konnte, wie das Ganze zugegangen sei. Und während der Kater seine prächtigen

Stiefel auszog, erzählte er dem Jungen alles, meinte aber schließlich:

»Du hast zwar jetzt sehr viel Geld bekommen – aber dabei soll es nicht bleiben! Morgen ziehe ich wieder meine Stiefel an. Übrigens erklärte ich dem König, du seist ein Graf!«

Am nächsten Morgen ging der Kater in aller Morgenfrühe wohlgestiefelt wieder auf die Jagd. Und wieder brachte er dem König einen reichen Fang. So ging es mehrere Tage fort, immer brachte er reiche Goldschätze heim, um am nächsten Tag wieder im Schloss aufzukreuzen. Bald war der Kater im königlichen Schloss so beliebt, dass er dort ein und aus und herumgehen konnte, wie er mochte.

Eines Tages stand der Kater wohlgestiefelt in des Königs Küche und wärmte sich am lodernden Feuer. Da kam plötzlich der alte Kutscher fluchend bei der Tür herein:

»Den König mit seiner Prinzessin wünscht´ ich zum Kuckuck! Gerade als ich ins Wirtshaus gehen wollte, um etwas zu trinken und Karten zu spielen, schickte der König nach mir, und ich muss die beiden um den See spazieren fahren!« Als der Kater diesen Fluch hörte, schlich er leise aus der Küche, und eilte mit seinen Stiefeln zu seinem Müller und rief schon von Weitem: »Willst du ein Graf werden, dann komm mit, schnell hinaus in den See und bade dort!«

Der Müller wusste nicht recht, was er dazu sagen sollte. Jedenfalls folgte er sogleich dem Kater, zog sich am Seeufer aus und sprang in das Wasser. Der Kater nahm gleich die Kleider, um sie zu verstecken. Kaum war er damit fertig, als die königliche Karosse anrollte.

Der Kater hielt den Wagen an und begann zu klagen. »Mein allergnädigster König! Ach, mein Herr, der dort im See badet, hatte seine Kleider ans Ufer gelegt. Da kam ein Dieb, nahm ihm die Kleider weg. Jetzt kann er nicht heraus, und wenn er länger drinbleibt, wird er sich erkälten, ja es besteht sogar Lebensgefahr!«

Als der König dies hörte, musste einer aus seinem Gefolge sofort zurücklaufen und von des Königs Kleidern holen. Dann hüllte sich der Müller in die schönen Königskleider.

Der König, der in ihm den Grafen sah, dem er für die prächtigen Hühner zu tiefstem Dank verpflichtet war, bat ihn, in der Kutsche Platz zu nehmen. Die Prinzessin war über dieses Anerbieten auch nicht böse, denn er war jung und als Graf in den königlichen Gewändern besonders schön.

Er gefiel ihr recht gut.

Der Kater war indessen der Kutsche vorausgeeilt und kam zu einer großen Wiese, wo viele Leute mit dem Hereinbringen von Heu beschäftigt waren.

»Wessen Besitz ist diese Wiese?«, fragte der Kater die Landleute.

»Dem bösen Zauberer gehören diese Gründe«, erwiderten sie.

»Hört, Freunde«, setzte der Kater fort, »in wenigen Augenblicken wird euer König hier vorbeifahren, und wenn er fragt, wie euer Herr heißt, dann sagt nur: Dem Grafen gehören diese Äcker. Tut ihr mir aber das nicht – dann werdet ihr alle Böses zu ertragen haben!«

Dann lief der Kater weiter und gelangte an ein großes Kornfeld. »Wessen Besitz ist dieser Acker?«, fragte der Kater die Landleute.

»Dem bösen Zauberer gehören diese Gründe«, erwiderten sie. Und wieder befahl der Kater den Leuten, den gräflichen Besitz zu bestätigen.

Auf seinem weiteren Weg kam der Kater an einem hochstämmigen Eichenwald vorbei, wo zahllose Holzarbeiter mit dem Fällen prächtiger Bäume beschäftigt waren.

»Wessen Besitz ist dieser Wald?«, fragte der Kater die Holzarbeiter. »Dem bösen Zauberer gehören diese Gründe«, erwiderten sie.

Und ein drittes Mal begehrte der Kater, die Leute müssten dem König den gräflichen Besitz bestätigen.

Dann zog der Kater weiter seiner Wege. Alle Leute sahen ihm nach, weil er so stattlich in den prächtigen Stiefeln aussah und wie ein Mensch einherschritt.

Bald war der Kater an der Burg des Zauberers angelangt. Unerschrocken marschierte er durch das gewaltige Tor und begab sich in die Wohnräume. Als er den Schlossherrn erspähte, machte der Kater seine tiefste Verbeugung und begrüßte ihn:

»Großer Zauberer und Künstler! Es geht die Kunde, dass du dich jederzeit in jedes Tier nach deinem Wunsch verwandeln kannst – ausgenommen Elefanten!«

»Was«, sagte der Zauberer und ward schon ein Elefant.

»Großartig«, meinte der Kater, »aber wie wär´s mit einem Löwen?«

»Bitte, eine Kleinigkeit«, und ein Löwe lefzte den Kater an.

Der Kater stellte sich unerschrocken vor den König aller Tiere und bat mit etwas zittriger Stimme:

»Großartig – aber noch mehr als alles andere wäre es, wenn du dich in ein so kleines Tier verwandeln könntest, wie eine Maus ist. Dies würde dich zum Meisterzauberer der Erde machen!«

Der Zauberer war geschmeichelt durch die süßen Worte und sagte:

»Liebes Kätzchen, dies kann ich auch!« Und schon lief er als Maus im Saal umher. Der Kater stürzte sofort dem Mäuschen nach, fing es mit einem Sprung und fraß es mit Wohlbehagen.

Der König aber war mit dem Grafen und der Prinzessin weiter spazieren gefahren und kam zu der großen Wiese.

»Wem gehört diese Wiese?«, fragte er die Leute, die mit dem Hereinbringen von Heu beschäftigt waren.

»Dem Herrn Grafen!«, riefen alle, wie der Kater ihnen befohlen hatte.

»Ihr habt da ein schönes Stück Land, Herr Graf«, sagte der König.

Danach kamen sie zu dem großen Kornfeld.

»Wem gehört dieser Acker?«, fragte der König.

»Dem Herrn Grafen!«, bestätigten die Landleute, die das Korn schnitten.

»Ei, Herr Graf! Große, schöne Ländereien besitzt Ihr!«, sprach der König.

Und als sie in den Wald kamen, fragte er: »Wem gehört dieser Wald, ihr Leute?«

»Dem Herrn Grafen!«, riefen die Holzarbeiter, die die Bäume fällten.

Der König verwunderte sich noch mehr und sprach zum Grafen:

»Ihr müsst ein reicher Mann sein, Herr Graf. Ich habe keinen so schönen, hochstämmigen Wald.«

Endlich langte die Kutsche beim Schloss an, das dem Zauberer gehört hatte. Der Kater stand schon oben an der Treppe. Als die königliche Karosse unten vorfuhr, sprang der Kater herab, öffnete den Wagenschlag, verbeugte sich tief und begrüßte den König mit den Worten:

»Herr König, Ihr gelangt hier in das Schloss meines Herrn, des reichen und mächtigen Grafen, den diese Ehre für sein Lebtag glücklich machen wird.«

Der König verließ den Wagen und war über das Gebäude sehr verwundert, das er früher noch nie gesehen hatte. Es kam ihm fast größer und prächtiger vor als das königliche Schloss.

Der Graf bot der Prinzessin den Arm und geleitete sie über die Treppe in den Empfangssaal des Schlosses, der ganz von Gold und Edelsteinen flimmerte.

Festliche Zeiten waren den Tagen der Not gefolgt. Aus dem armen Müllerssohn war zuerst ein reicher Mann geworden, und nun war er sogar ein Graf.

Die Prinzessin wurde dem Grafen versprochen, und bald wurde die Hochzeit gefeiert. Und als das Paar zur Kirche schritt, ging der gestiefelte Kater vor ihm her und streute Blumen.

Als nach Jahren der König dahinsiechte und starb, wurde der Graf zum Landesherrn und König erkoren. Er gedachte in Treue seines gestiefelten Katers und ernannte ihn zum Haus- und Hofmarschall.

Katzenkinder

einfach »zum fressen«

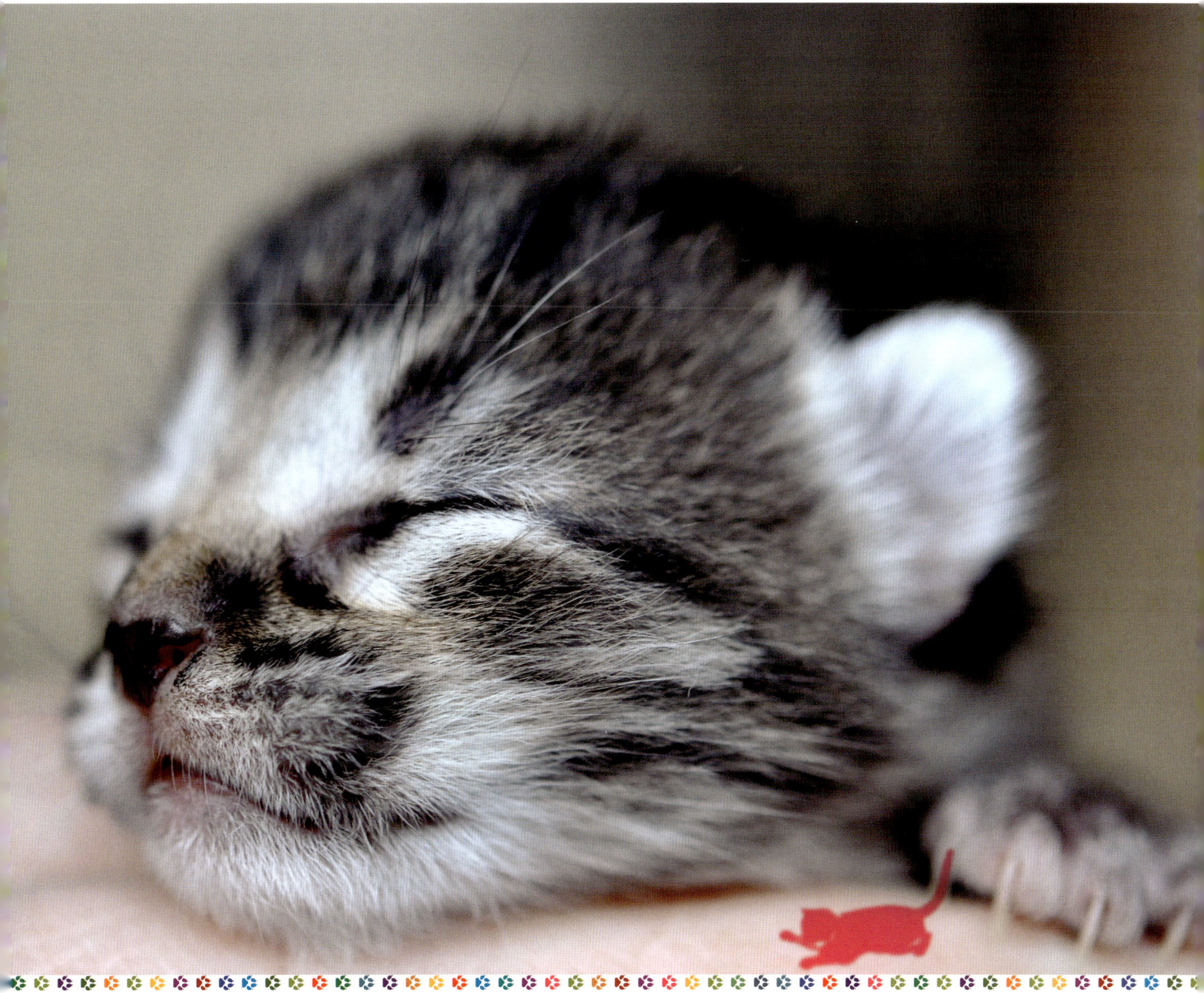

Kuschelstunde

Ein Wurf kleiner Kätzchen ist eine wahre Freude. Wer ist nicht ganz aus dem Häuschen, wenn er das Vergnügen hat, eine Handvoll von so einem miauenden Knäuelchen halten zu dürfen! In den ersten Lebenswochen durchleben die Babys die entscheidenden Entwicklungsphasen. Zunächst sind die Neugeborenen blind, taub und zahnlos. Die meiste Zeit verbringen die Kleinen mit Trinken und Schlafen. Aber bereits nach circa drei Wochen öffnen sie ihre kleinen runden Knopfaugen. Schon nach vier bis fünf Wochen sind alle Sinne voll entwickelt. Im Alter von sechs Wochen erkunden die niedlichen Kätzchen erstmals ihre nähere Umgebung. Ein Wonne, wenn sie tollpatschig anfangen zu laufen. So richtig neugierig und voller Tatendrang werden sie mit acht oder neun Wochen, dann beginnt ihre Selbständigkeit. Alles wird ausprobiert und der Mutter nachgeahmt, um für ihr späteres Katzenleben fit zu werden. Sie lernen Springen, Klettern, Fangen, Jagen und kämpfen spielerisch mit ihren Geschwistern.

Die putzigen lebhaften Katzenkinder sind in dieser Zeit einfach hinreißend und »zum Fressen« süß.

Liebevolle **Katzenmamas** umsorgen ihre winzigen Babys, die gerade mal ein paar Tage alt sind.

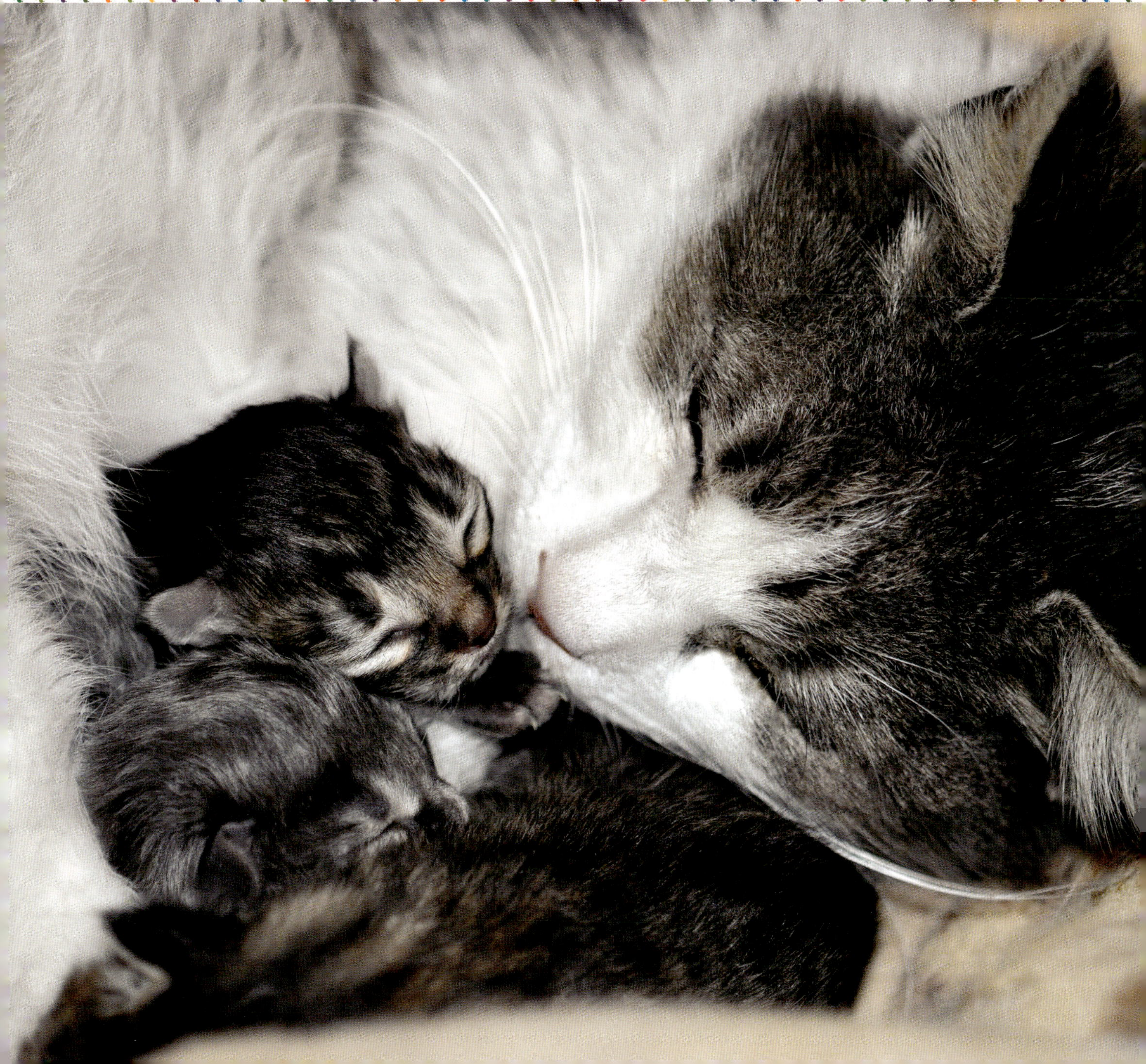

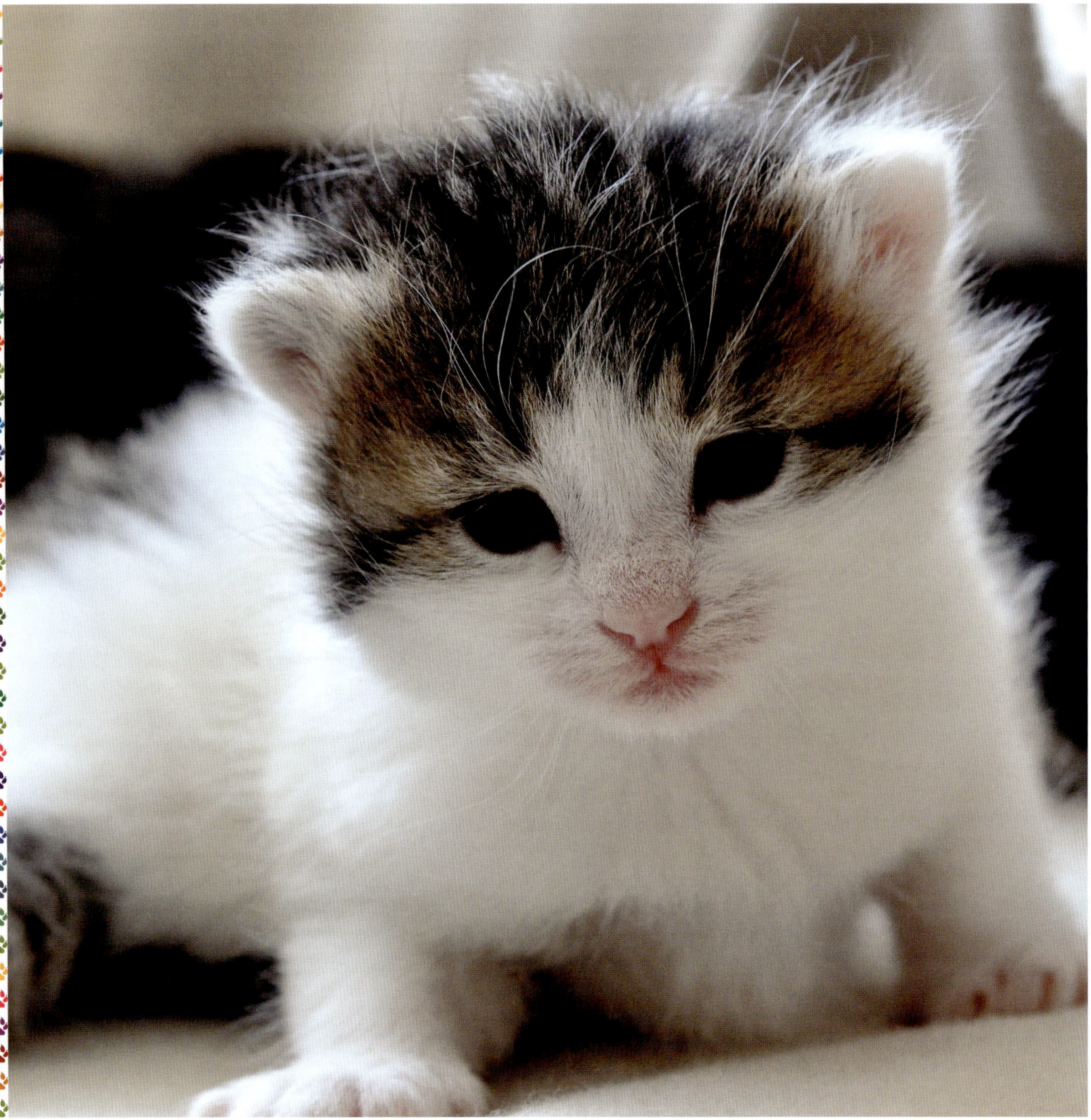

»Das kleinste Katzentier
ist ein Meisterstück.«

Leonardo da Vinci

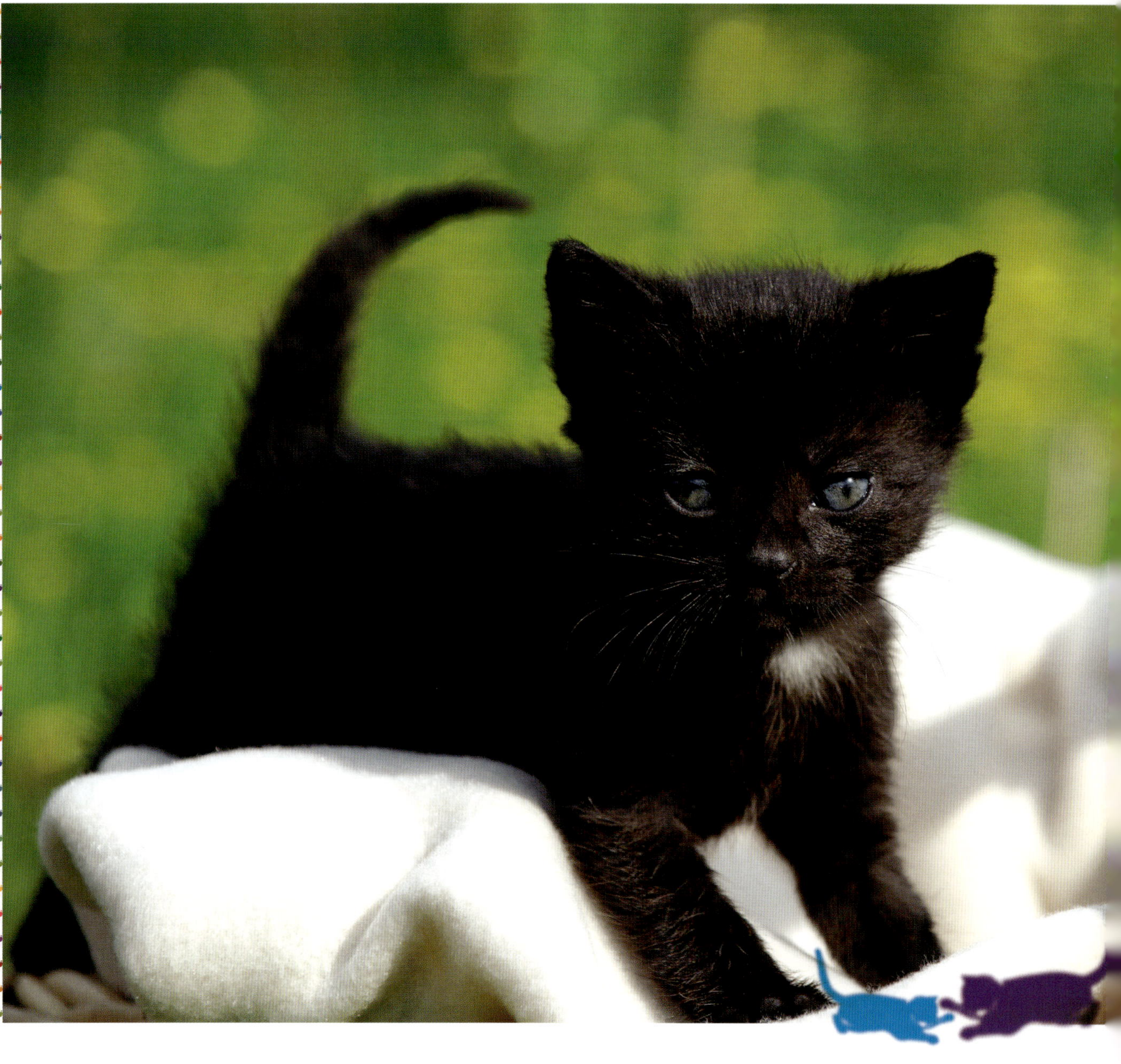

Junge Kätzchen

Fünf Kätzchen vorm Fenster,
und Lieschen dazu,
die stehen zusammen schon längst auf Du.
Trippelt zum Garten sie in der Früh,
wartet Frau Mietzekatz schon auf sie,
putzt die vier Kleinen noch akkurat;
jeder macht gern mit den Kindern Staat.

Die Kätzchen haben heut Augen gekriegt,
gucken ganz dumm und blinzeln vergnügt.
Wenn solch ein großes Wunder geschehn,
das muss die Mutter doch auch mal sehn!
Holt noch ein Näpfchen, so ein klein´s,
macht für die Kätzchen was Extrafein´s.
Das ist ein Springen, hinauf und hinab,
lecken sich alle Pfoten ab.

Durch den Apfelbaum, schwer belaubt,
fällt der Mutter ein Strahl aufs Haupt,
glänzt dann auf Lieschens Blondhaar hell,
gleitet hernieder aufs Katzenfell,
bis zu den Kätzchen, winzig und klein,
kriegt jedes sein bisschen Sonnenschein.

Ludwig Jacobowski

Ausflug ins Grüne – jetzt geht's auf Entdeckungsreise!

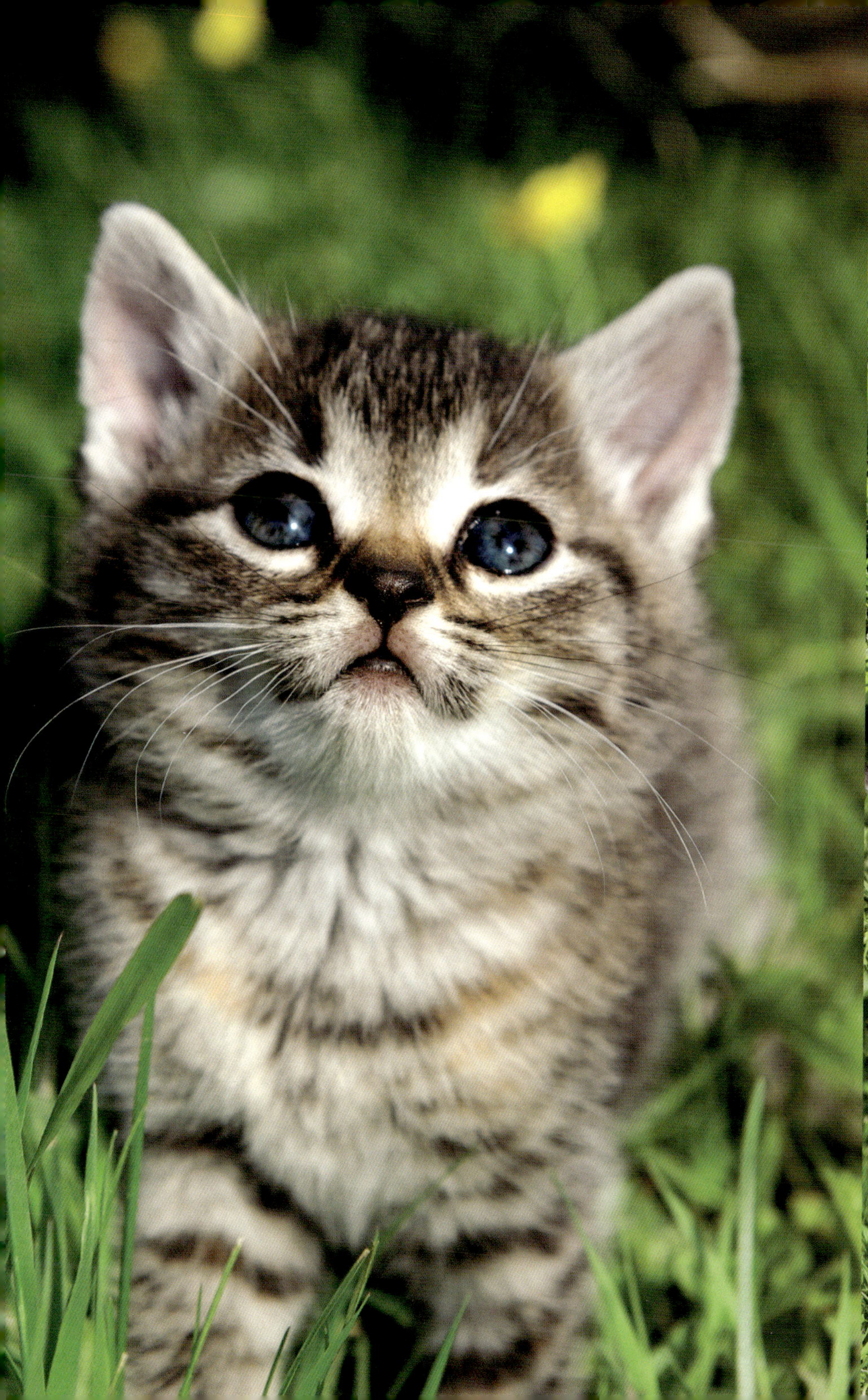
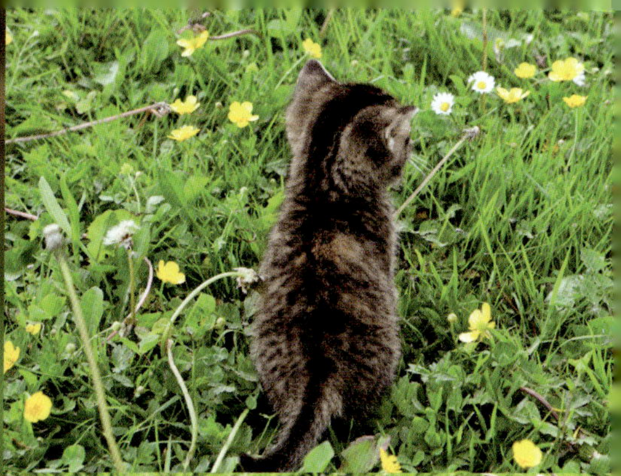
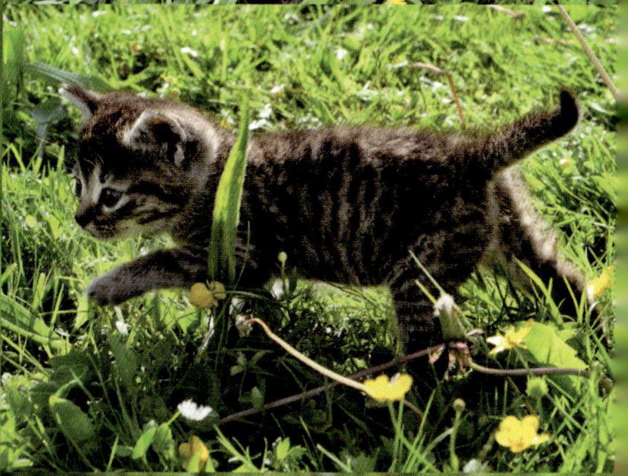
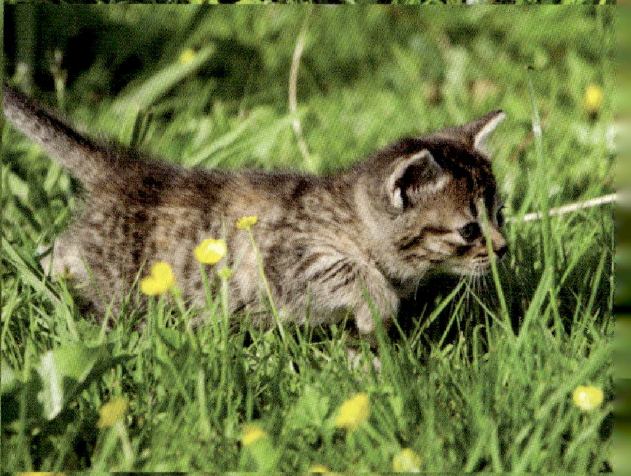
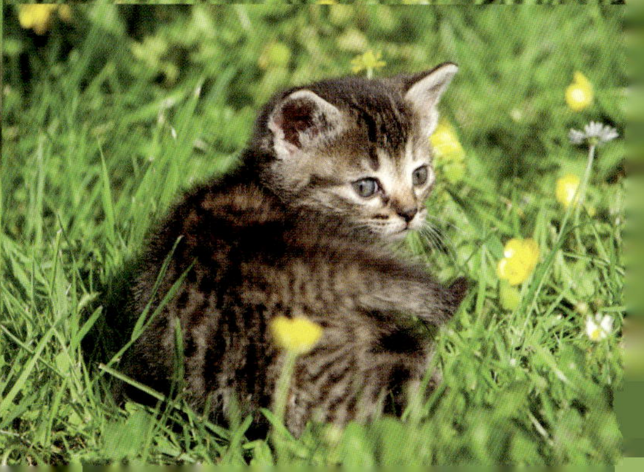

Balance

Katze

»Frau Katze, was schleichst du doch
dort auf dem Dach umher so hoch?
Hast du das Schwälbchen sitzen sehn,
möchtest ihm gerne zu Leibe gehen?
Sachte nur! Schwälbchen ist klüger als du,
fliegt von dannen und du siehst zu.«
Frau Katze war grämlich in ihrem Sinn,
sah nur von der Seite hin,
dachte: »Das ist ein schlecht' Vergnügen,
dass die Vögel so können fliegen.«
Ist dann hinab in den Hof gegangen,
hat sich bald eine Maus gefangen.

Wilhelm Hey

ausgezeichneter tastsinn

Scharfe Sinne
beeindruckende details

Ausgesprochen scharfe Sinne ermöglichen unseren Lieblingen beneidenswerte Geschicklichkeit im Katzenalltag sowie höchste Flexibilität selbst in äußerst extremen Situationen.

Dank ihres ausgezeichneten Gleichgewichtssinns gelingt ein vermeintlich gefährlicher Sprung aus höchster Höhe mit routinierter Sicherheit. Brillantes Sehvermögen und anpassungsfähige Augen machen sie zur perfekten Jägerin in der Dämmerung. Mit den Ohren, dem zweitschärfsten Sinn, nimmt sie sogar Töne wie die von Mäusen wahr, die wir Menschen nicht hören können. Und was wären Katzen ohne Tasthaare, die sie wie ein Sensor auf alle Hindernisse und Bewegungen aufmerksam machen! Geruchs- und Geschmackssinn sind sehr gut ausgeprägt und ergänzen sich hervorragend mit allen anderen Sinnen.

Katzen haben ein sehr gutes optisches Gedächtnis, das sie immer den Weg nach Hause finden lässt. Inwieweit der spezielle Magnetsinn eine Rolle spielt, ist noch nicht richtig erforscht. Den dicken weichen Samtpfoten mit einziehbaren Krallen verdanken die Zehengänger die Fähigkeit, lautlos zu schleichen. Die spitzen Krallen, die in der Ruhelage eingezogen sind, können bei Bedarf blitzschnell und äußerst wirkungsvoll ausgefahren werden. So können sich Schmusekätzchen im Nu in kleine Raubkatzen verwandeln.

brillantes sehvermögen

geniale ohren

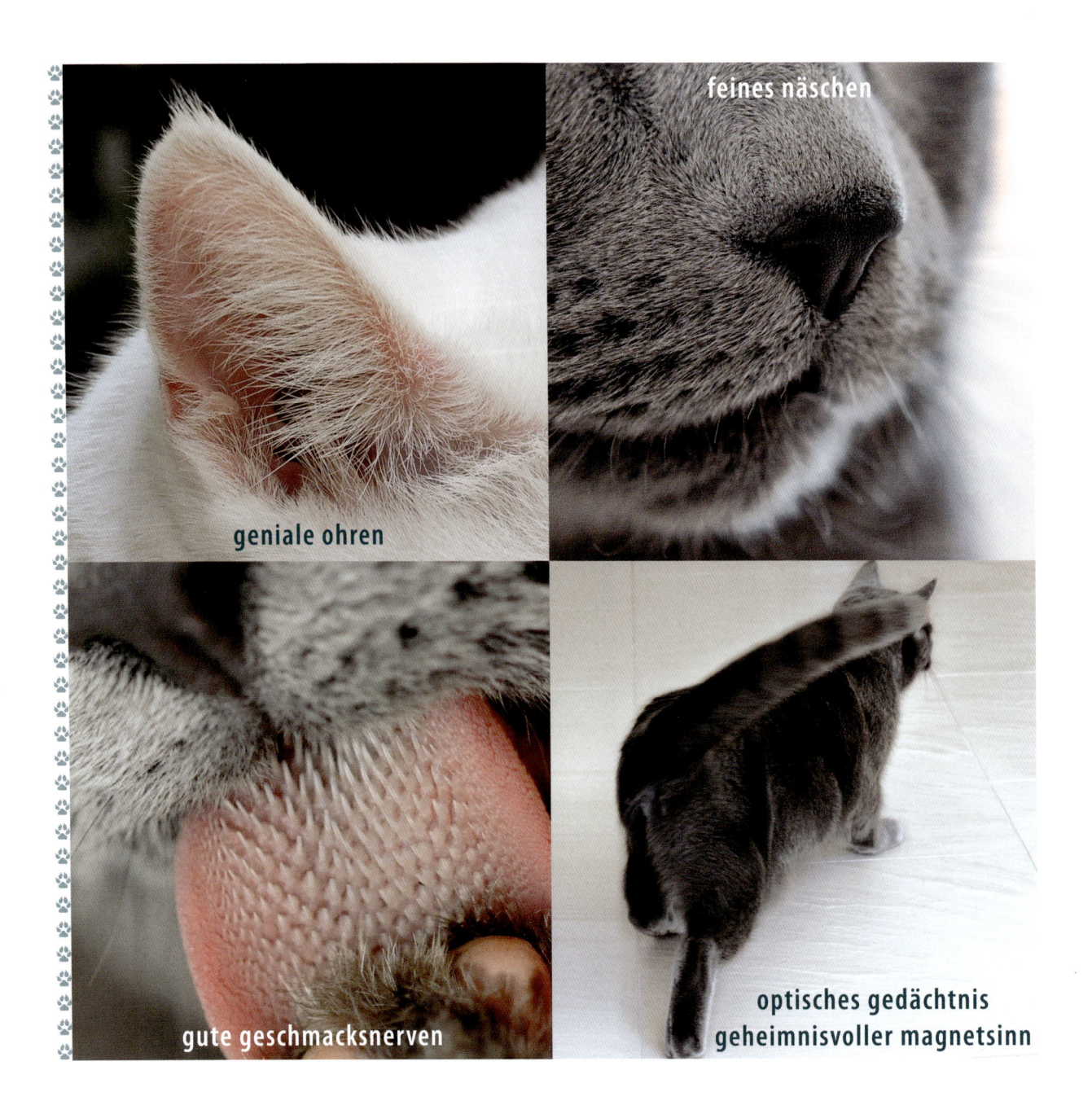

feines näschen

gute geschmacksnerven

optisches gedächtnis
geheimnisvoller magnetsinn

perfektes wechselspiel – mal sanft, mal scharf

scharfe spitze krallen

gleichgewichtssinn

Alles mit der Katz
schönes, nützliches, »wertvolles«

Wer Katzen liebt, umgibt sich auch gern mit schönen Dingen rund um die Katze. Die bunte Palette reicht von Kitsch bis Kunst, letztendlich entscheidet der persönliche Geschmack – erlaubt ist, was gefällt. Die Auswahl an dekorativen Stücken ist so groß, dass jeder fündig wird. Katzenfans erweitern bei dieser Vielfalt immer wieder begeistert ihre Sammlung um das ein oder andere originelle »Schätzchen«.

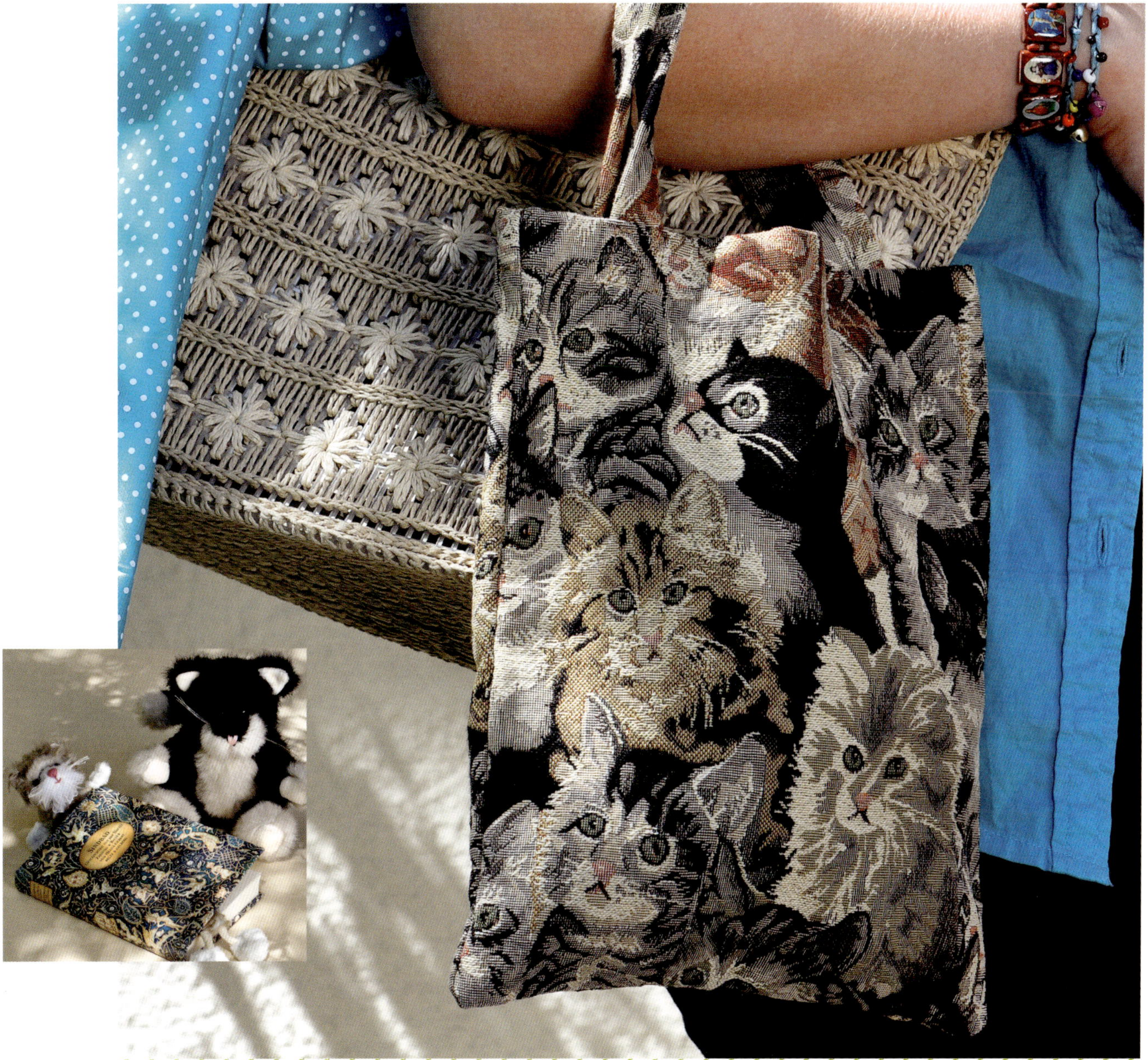

»Katzen
sind so drollig
und so wollig
und so mollig,
dass man sie am
liebsten küsst.«

James Krüss

Echt süß:
Tee- oder Lesestunde
in netter Gesellschaft

Katzenseife – ein duftender Hingucker im Badezimmer.

Sinnige Begriffe

Katerfrühstück
Kateridee
Katzenmusik
katzbuckeln
Katzenwäsche
Katzentisch

Wetterregeln

Siehst du die Katze gähnend liegen, weißt du, dass wir Gewitter kriegen.

Wenn die Katzen sich putzen, gibt es gutes Wetter.

Die Katze kratzt den Wind um. Wohin sie kratzt, daher weht am anderen Tage der Wind.

...so ein

sinnige begriffe, alte wetterregeln und die schönsten redensarten

Katzenjammer

Die schönsten Redensarten

Ein Katzensprung entfernt.

Die Katze im Sack kaufen.

Die Katze aus dem Sack lassen.

Wie die Katze um den heißen Brei reden.

Der Katze die Schelle umhängen.

Ist die Katze aus dem Haus,
tanzen die Mäuse auf dem Tisch.

Die Katze lässt das Mausen nicht.

Da beißt sich die Katze in den Schwanz.

Die beiden sind wie Hund und Katze.

Das ist für die Katz!

Mit jemandem Katz und Maus spielen.

Einen Kater haben.

Glückliches
nach lust und laune

Welch ein vergnügliches Leben auf dem Land! Hier kann sich Miez und Maunz nach Herzenslust austoben. In jeder Katze schlummert das Wildtier. Jagen, spielen, ausgiebig umherstreifen, am Lieblingsplätzchen faulenzen.

Vor allen Dingen aber muss das eigene Revier vor frechen Eindringlingen verteidigt werden. Da kennen Katzen kein Pardon. Natürlich dulden sie schon mal den einen oder anderen Besuch eines Artgenossen. Katzen sind von Natur aus keine Einzelgänger, sie fühlen sich durchaus in Gesellschaft wohl. Durch ihr soziales Verhalten und ihre Anpassungsfähigkeit sichern sie sich schnell ihr festes Plätzchen.

Landleben

Geschickte Mäusejäger

Das **perfekte Jagen** muss nicht unbedingt erlernt werden, das Talent dazu ist den cleveren Tieren angeboren. Obwohl die Beute sehr vielseitig sein kann, stehen Mäuse auf dem Speiseplan ganz oben. Ohne Zusatzfutter fressen sie zwischen zwölf und fünfzehn Nager an einem Tag. Da ist auch ein geschickter Jäger gut beschäftigt.

66

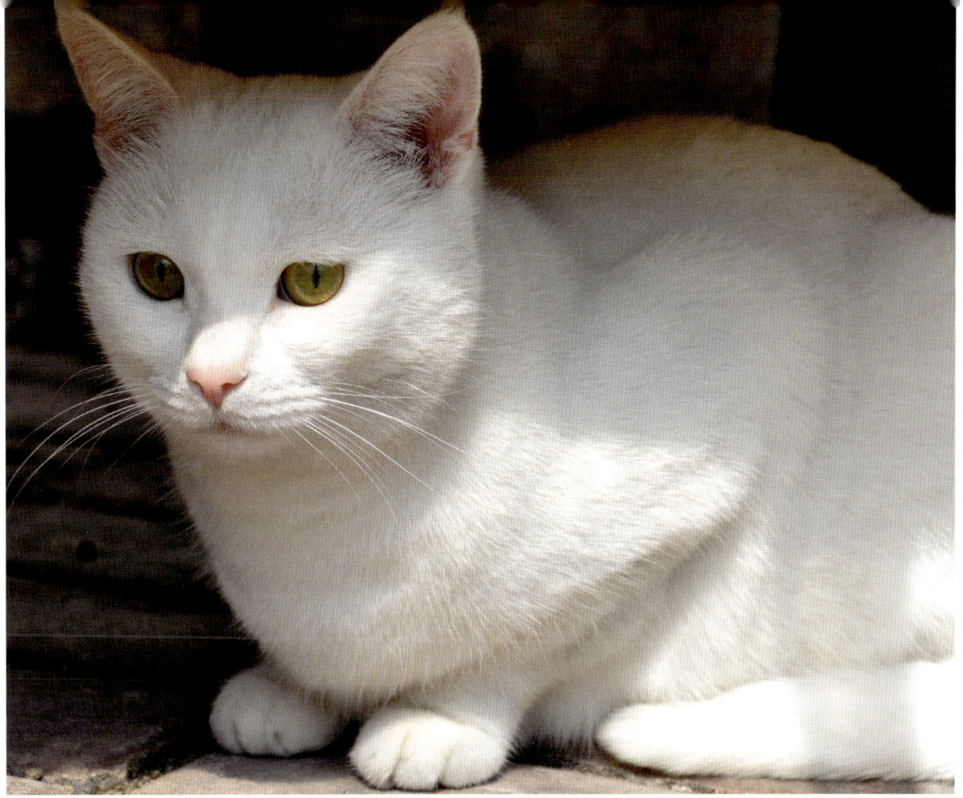

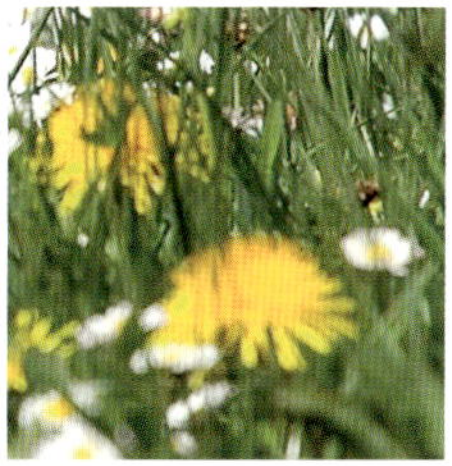

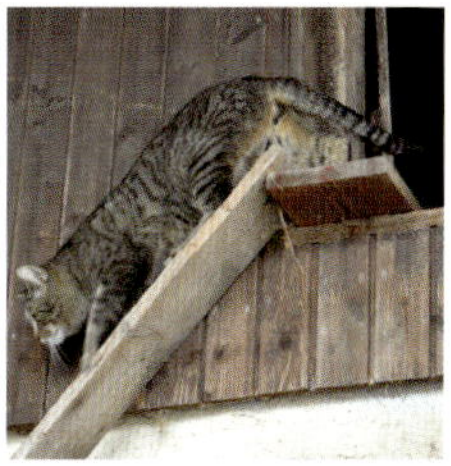

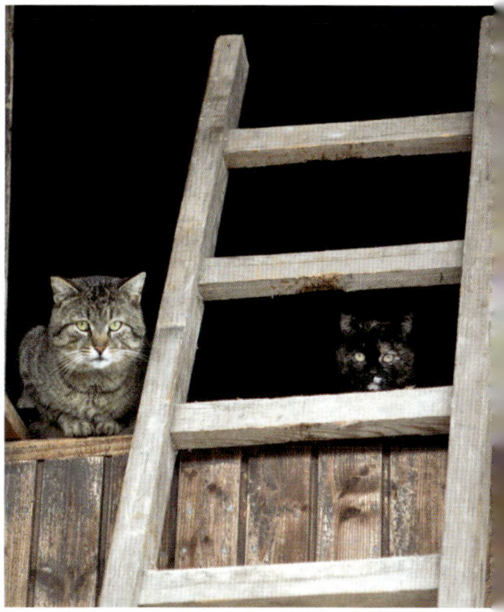

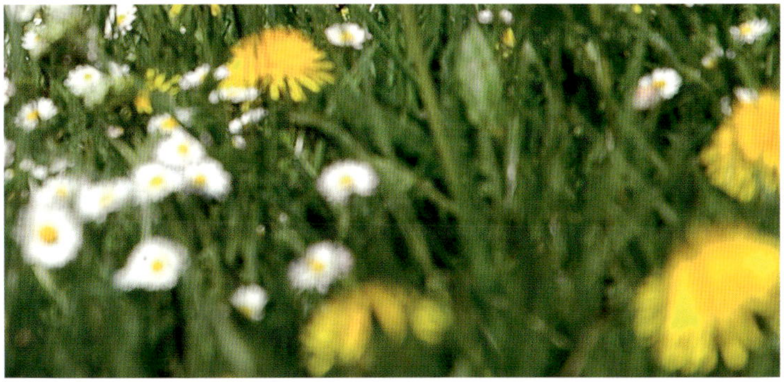

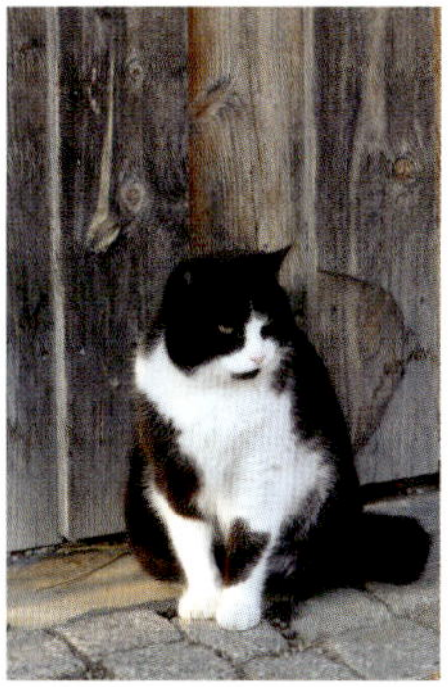

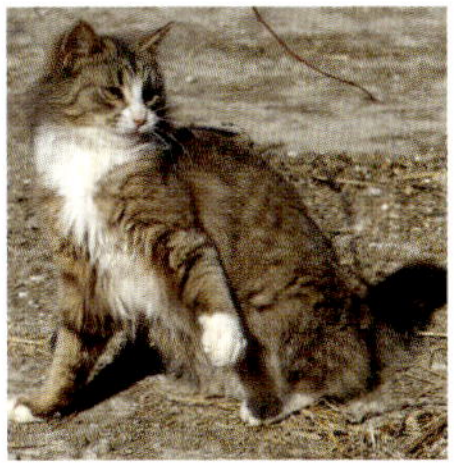

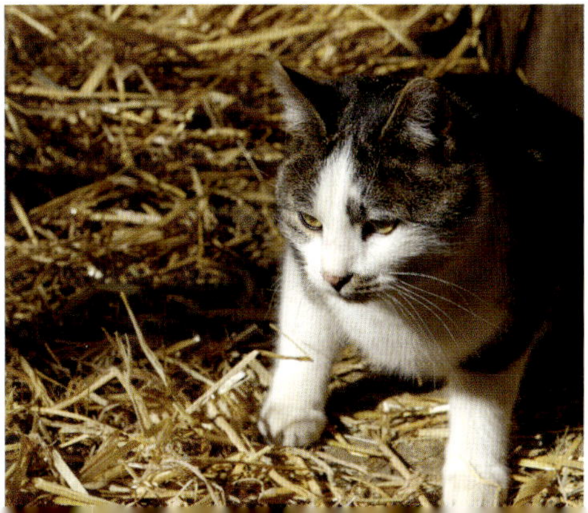

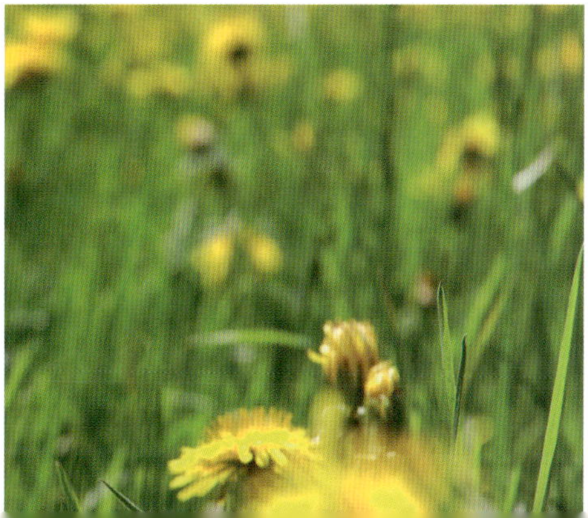

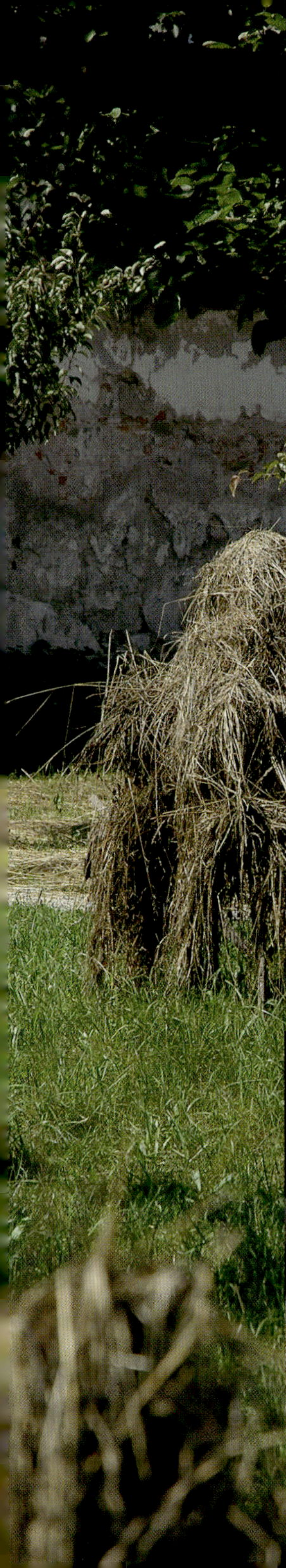

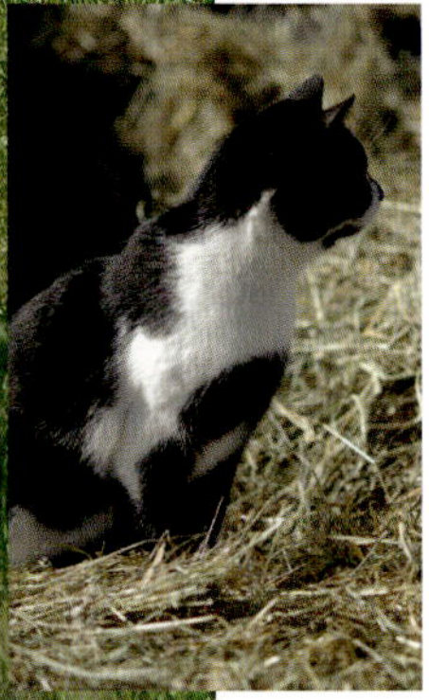

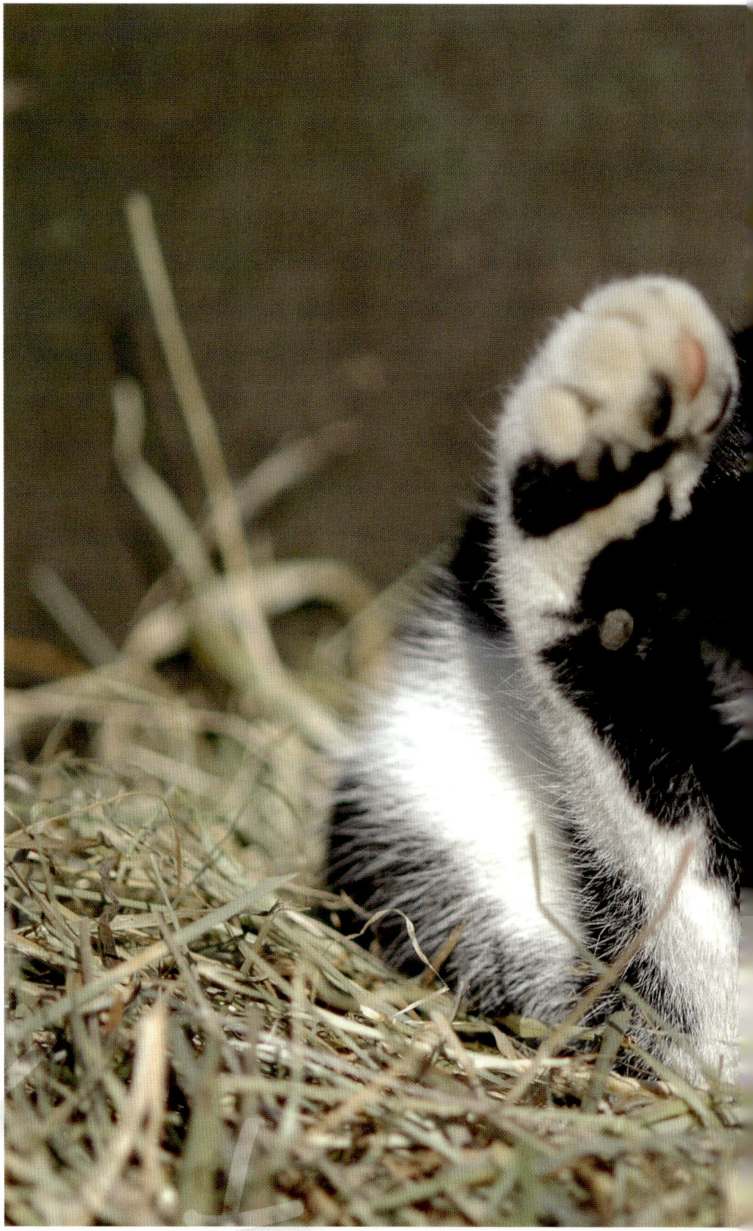

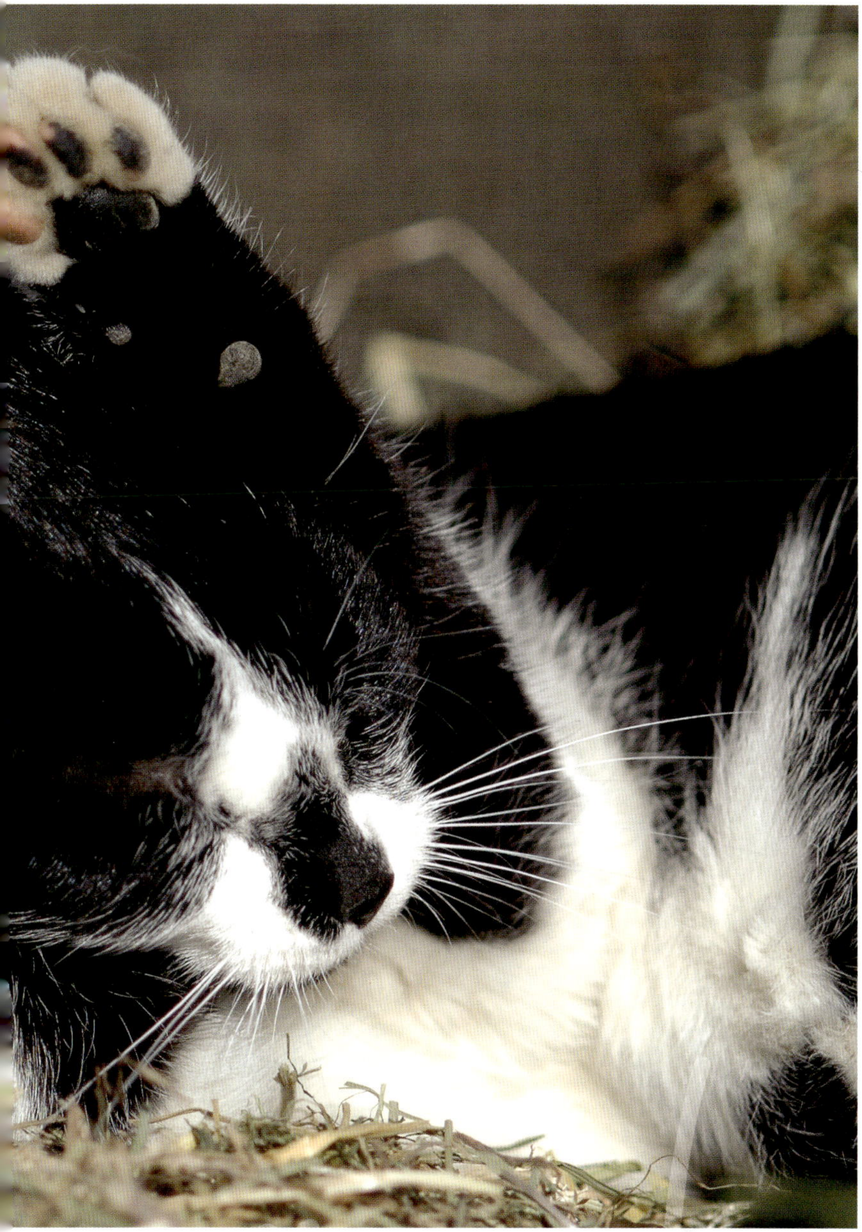

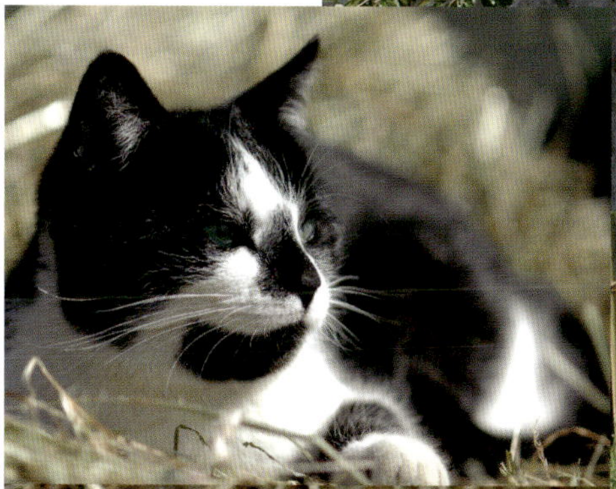

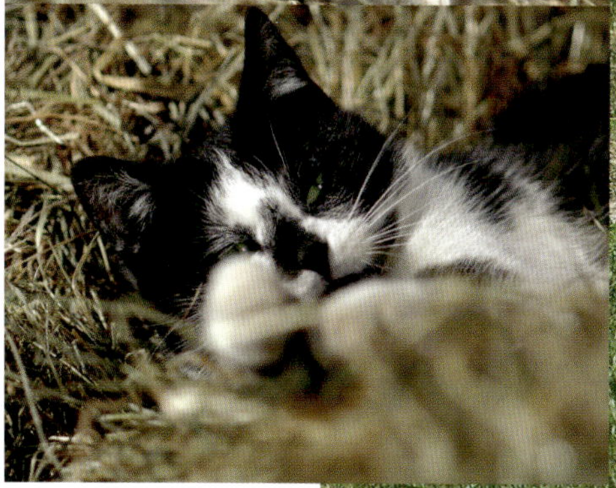

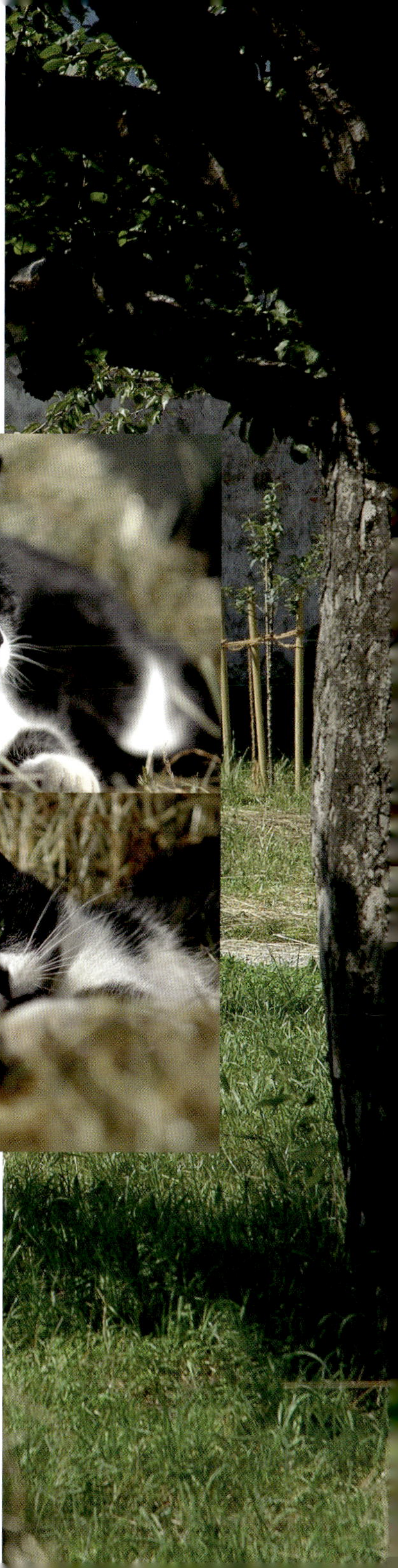

»Katzen erreichen mühelos,
was uns Menschen versagt bleibt:
durchs Leben zu gehen,
ohne Lärm zu machen.«

Ernest Hemingway

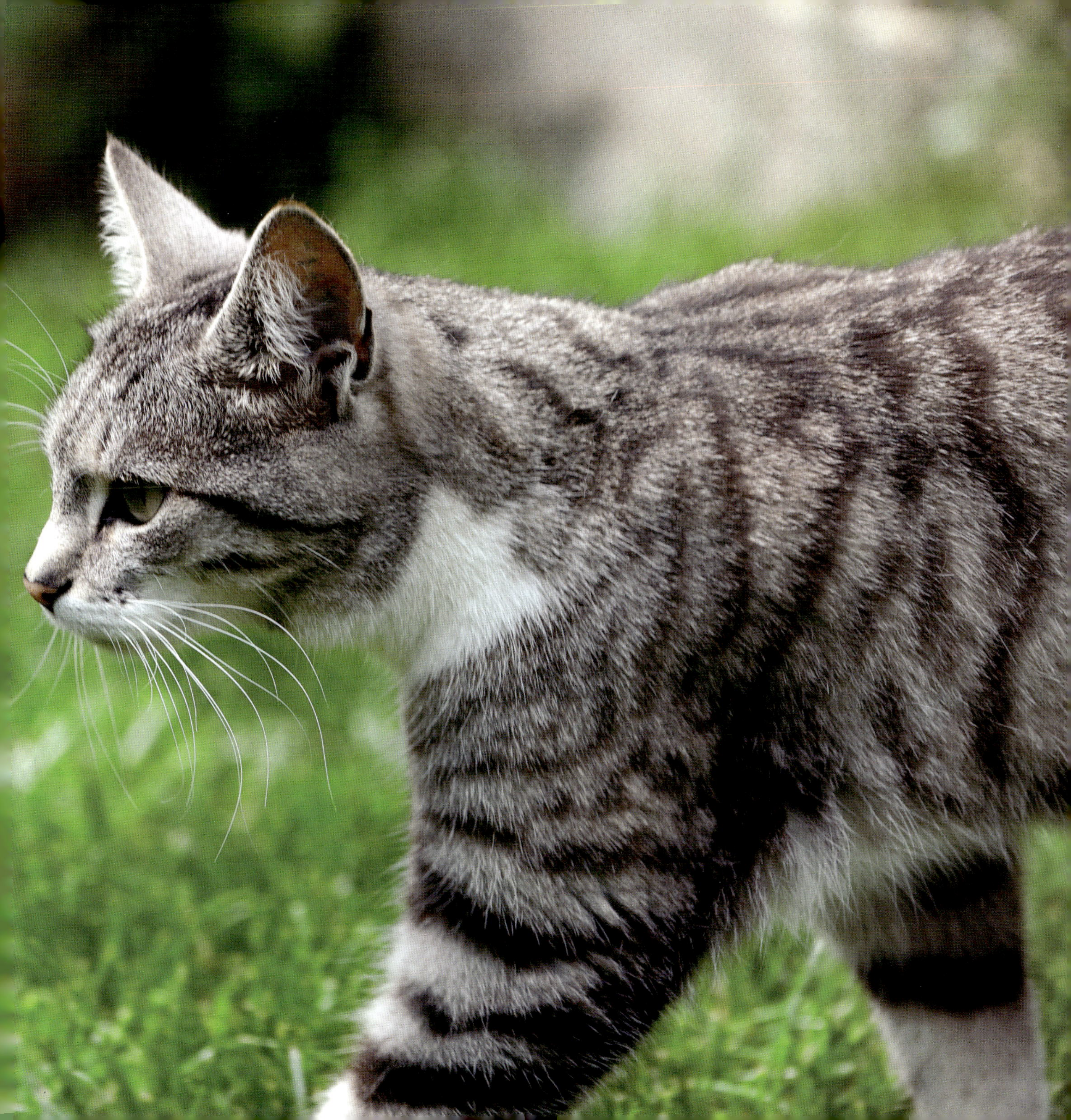

Herrliches Katzenleben...

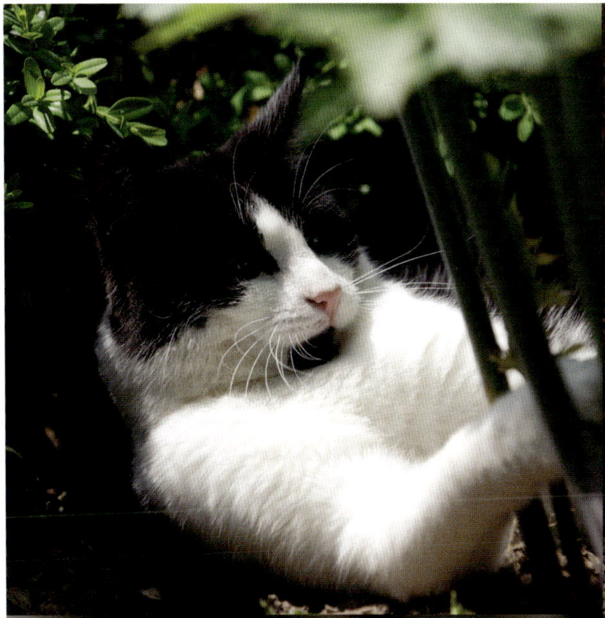
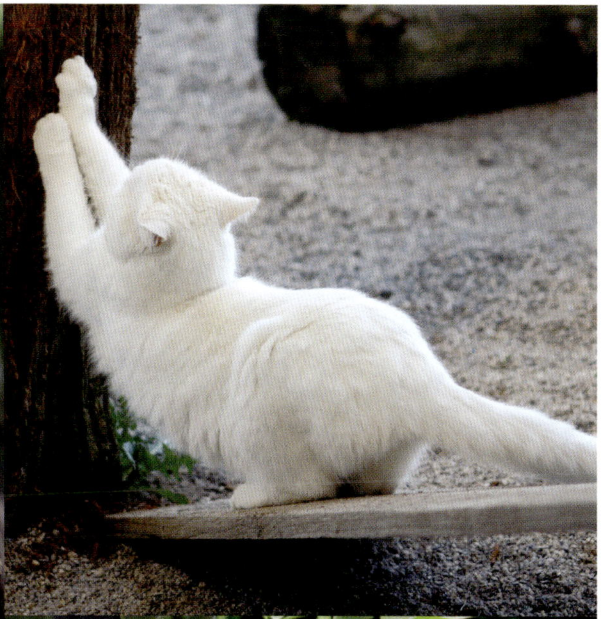
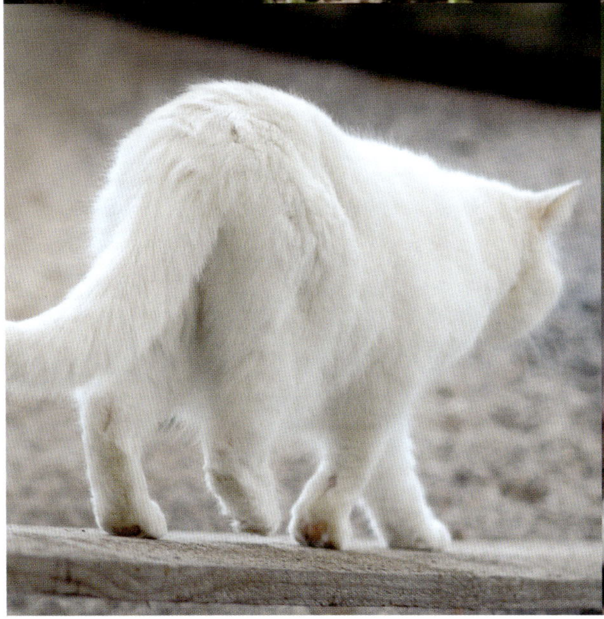
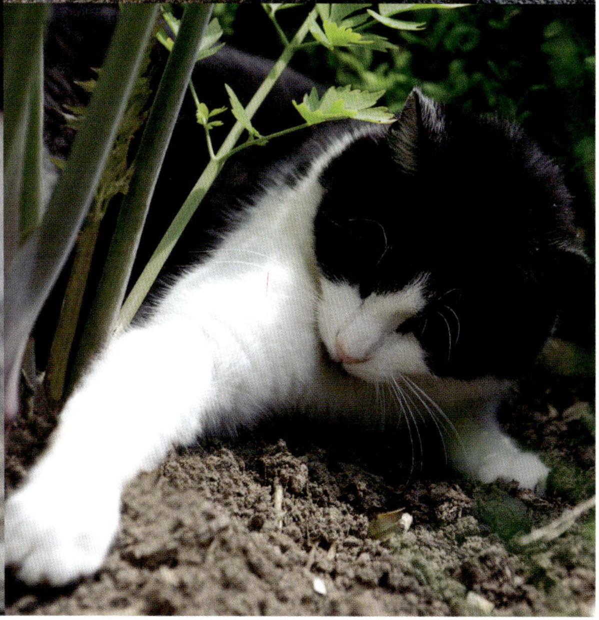

Das Kätzchen

Märchen von Ludwig Bechstein

Es war einmal eine arme Frau, die ging in den Wald, um Holz zu lesen. Als sie mit ihrer Bürde auf dem Rückwege war, sah sie ein krankes Kätzchen hinter einem Zaune liegen, das kläglich schrie. Die arme Frau nahm es mitleidig in ihre Schürze und trug es nach Hause.

Auf dem Wege kamen ihre beiden Kinder ihr entgegen, und wie sie sahen, dass die Mutter etwas trug, fragten sie: »Mutter, was trägst du?«, und wollten gleich das Kätzchen haben; aber die mitleidige Frau gab den Kindern das Kätzchen nicht, aus Sorge, sie möchten es quälen, sondern sie legte es zu Hause auf alte weiche Kleider und gab ihm Milch zu trinken. Als das Kätzchen sich gelabt hatte und wieder gesund war, war es mit einem Male fort und verschwunden.

Nach einiger Zeit ging die arme Frau wieder in den Wald, und als sie mit ihrer Bürde Holz auf dem Rückwege wieder an die Stelle kam, wo das kranke Kätzchen gelegen hatte, da stand eine ganz vornehme Dame dort, winkte die arme Frau zu sich und warf ihr fünf Stricknadeln in die Schürze. Die Frau wusste nicht recht, was sie denken sollte, und dünkte diese absonderliche Gabe ihr gar zu gering; doch nahm sie die fünf Stricknadeln des Abends auf den Tisch.

Aber als sie des anderen Morgens ihr Lager verließ, da lag ein Paar neue fertig gestrickte Strümpfe auf dem Tische. Das wunderte die arme Frau über alle Maßen, und am nächsten Abend legte sie die Nadeln wieder auf den Tisch, und am Morgen darauf lagen neue Strümpfe da. Jetzt merkte sie, dass zum Lohn ihres Mitleids mit dem kranken Kätzchen ihr diese fleißigen Nadeln beschert waren, und ließ dieselben nun jede Nacht stricken, bis sie und die Kinder genug hatten. Dann verkaufte sie auch Strümpfe und hatte genug, bis an ihr seliges Ende.

...und die Stricknadeln

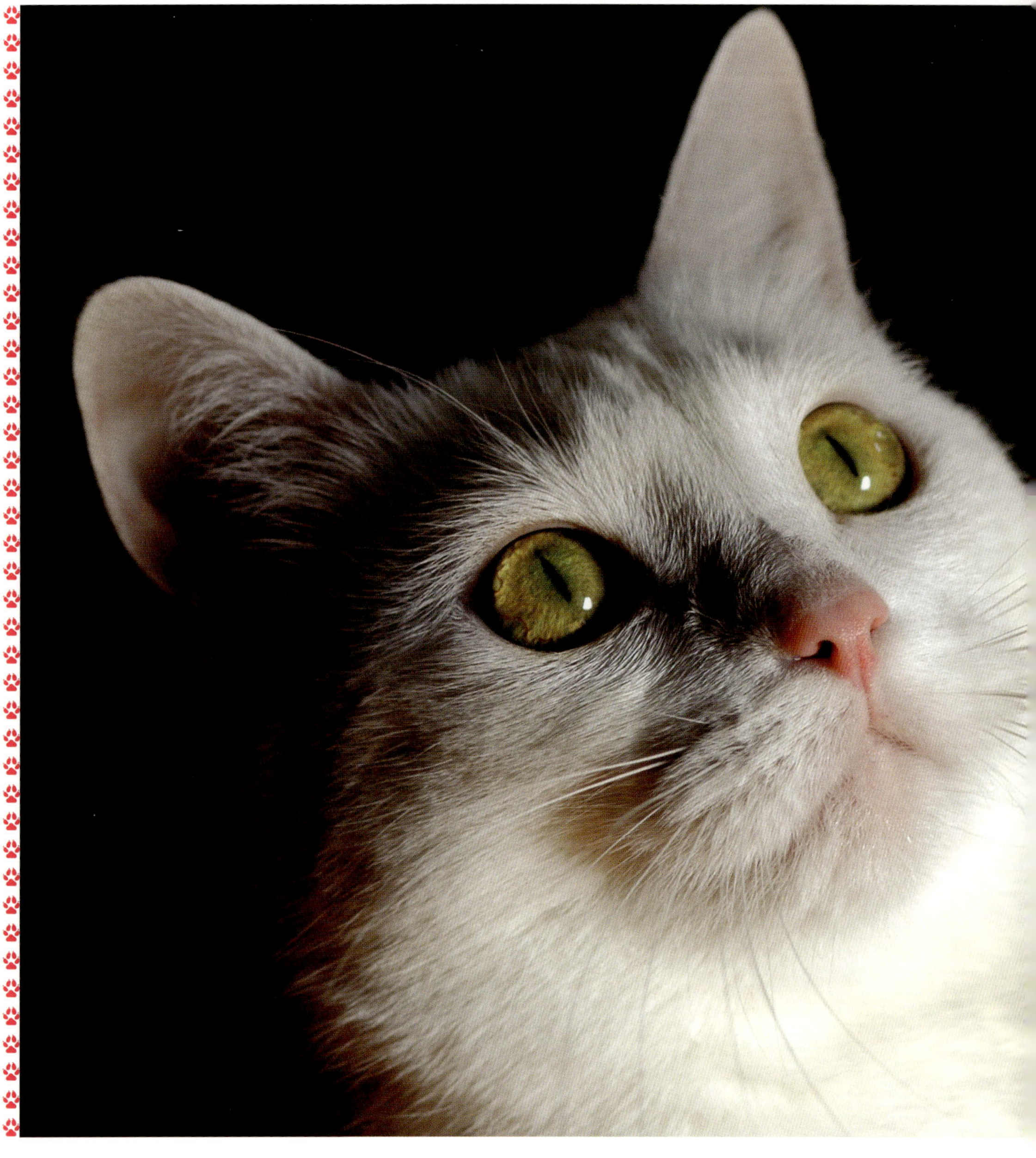

»Mein edler Freund, ich bitte sehr:
komm doch her, sitz neben mir
und schau mich dann
mit deinen lieben Augen an,
mit Augen voller Glanz und Gold,
dein Blick, er ist so treu und hold.«

Algeron Charles Swinburne

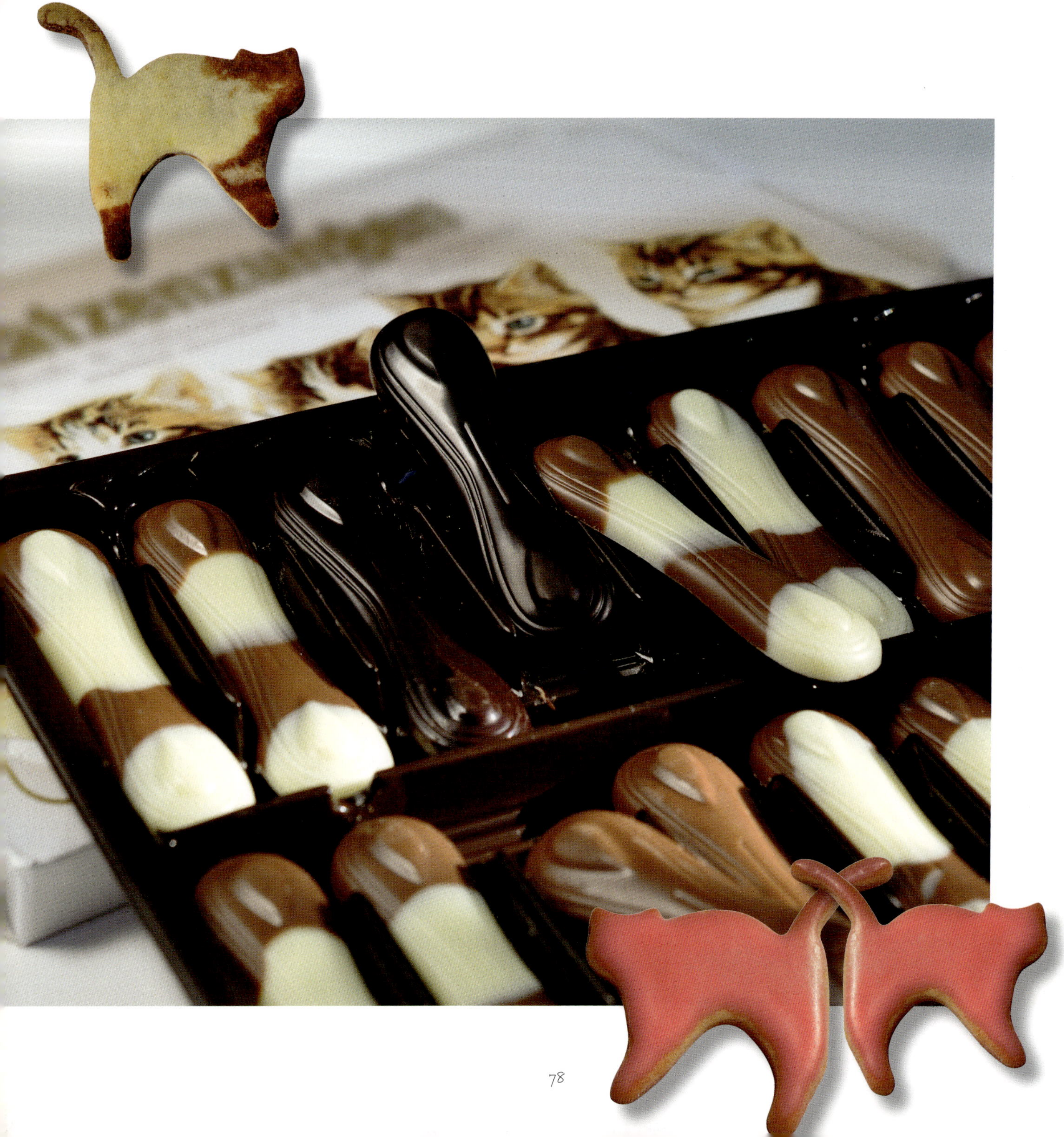

Naschkatzen

Sie schleichen um ihre Lieblingsschleckerei, stibitzen hier und da, natürlich nur die besten Leckerbissen. Ganz schön verlockend, was es da so alles gibt. Katzenzungen, kleine Kekse in Katzenform oder »zuckersüße« Mäuse und, und, und – da kann kein »Naschkätzchen« widerstehen.

Freundschaften

81

Auch in der Kunst stehen Katzen oft im Mittelpunkt und werden entsprechend in Szene gesetzt.

Beim Film denkt man sofort an **»Frühstück bei Tiffany«** oder **»Catwoman«**. Die berühmten Melodien aus dem Musical **»Cats«** klingen jedem im Ohr. Das Märchen **»Der gestiefelte Kater«** wurde in verschiedenen Theatern inszeniert.

Als Sympathieträger erobert **»Garfield«** die Herzen aller Comicfreunde. Zeichentrickfans kommen bei den **»Aristocats«**, **»Felix the Cat«** oder **»Tom und Jerry«** voll auf ihre Kosten.

Berühmte Maler wie z. B. Leonardo da Vinci, **»Katzenstudien«**, oder Édouard Manet, **»Die Katze und die Blumen«**, verewigten Katzen in ihren Werken.

Auch Komponisten, wie dem Franzosen Maurice Ravel, waren Katzen Muse und Anregung. Ravel komponierte die Oper **»Das Kind und der Zauberspuk«**.

Cats, cats,
nettes und interessantes

»Katzenauge« nennt man den Rückstrahler am Fahrrad oder Auto.

Der Begriff **»Catwalk«** bezeichnet den Laufsteg, auf dem Supermodels katzengleich elegant die neueste Haute Couture vorstellen.

»Katzenminze« und Baldrian. Beides hat auf viele Katzen eine unwiderstehlich anregende Wirkung.

Am »**Katzentisch**« sitzen oft die Kinder. Gemeint ist ein kleinerer Tisch, der abseits der Festtafel steht.

cats ...

Unter »**Katzengold**« versteht man falsches Gold. Es entsteht durch Verwitterung verschiedener Mineralien und glänzt metallisch, die Farbe ist rötlich gelb.

»**Katzenmusik**«, ein gängiger Ausdruck, der aus der Studentensprache kommt und unharmonische Musik mit jaulenden Tönen umschreibt.

Geheimnisvolle Zauberwesen
magie und mythos

»Ob eine schwarze Katze Unglück bringt, hängt davon ab, ob man ein Mensch oder eine Maus ist.«

Max O'Rell

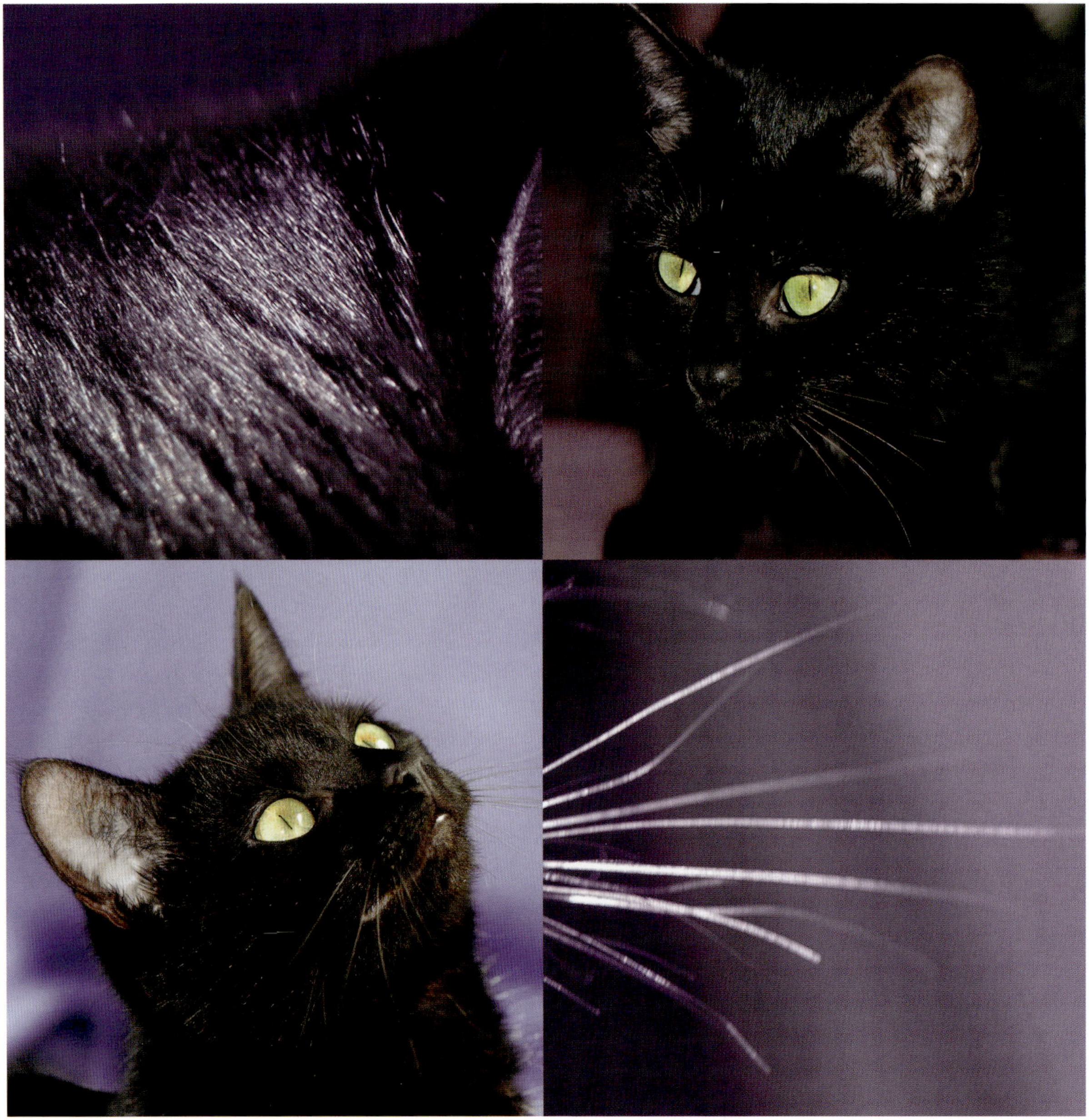

Die Zeiten, in denen die Kirche böse Hexen mit ihren schwarzen Katzen verbrennen ließ, sind Geschichte. Auch viele andere alte, seltsame Volksbräuche und Riten gibt es längst nicht mehr.

Im Mittelalter galten schwarze Katzen als Dämonen und wurden oft mit Hexen und dem Teufel in Verbindung gebracht. Sogar magische Kräfte und Eigenschaften, deren sich selbst die damalige Volksmedizin bediente, schrieb man ihnen zu.

Noch heute hält sich bei einigen der Aberglaube, dass eine schwarze Katze, die den Weg kreuzt, Unglück bringen soll.

Eine Tatsache allerdings, die sicher alle Katzenliebhaber gern bestätigen, ist die geheimnisvolle, rätselhafte Aura, die jede Katze von Natur aus umgibt. So ist es nicht verwunderlich, dass man auch mit einer modernen Interpretation letztendlich zu dem Schluss kommt: Alle Katzen haben Zauberkräfte. Denn wer wurde nicht schon mal be- oder gar verzaubert von diesen magischen Wesen?

»Katzen sind geheimnisvoll. In ihnen geht mehr vor, als wir gewahr werden.«

Sir Walter Scott

VIPs ... berühmt, bekannt, beliebt ...

Die Liste großer Katzenfreunde ist sehr lang. Viele dieser Persönlichkeiten hatten und haben gleich mehrere ihrer geliebten Samtpfötchen. Diese genießen oft eine besondere Stellung an der Seite ihres »Frauchens« oder »Herrchens«.

Der mächtige und einflussreiche **Kardinal Richelieu (1585–1642)** bedachte seine geliebten Katzen sogar über den Tod hinaus. Er hinterließ ihnen eine Pension sowie zwei Wärter, die sich fortan um sie kümmern sollten.

Auch **Charles Dickens (1812–1870)** konnte sich dem Charme der Katzen nicht entziehen und schenkte ihnen mehr Aufmerksamkeit, als er ursprünglich wollte.

Brigitte Bardot (geb. 1934) engagiert sich seit den Siebzigerjahren sehr für den Tierschutz. Ihr hat Frankreich zu verdanken, dass alle Katzen tätowiert und registriert werden müssen.

Schriftsteller wie **Ernest Hemingway** und **Hermann Hesse** liebten die Anwesenheit ihrer Katzen so sehr, dass sie diese sogar in ihre Werke einbezogen.

Wie ihre Besitzer, so gelangten auch viele Katzen zu einer gewissen Prominenz.

Jock, der Kater **Winston Churchills (1874–1965)**, war besonders privilegiert, durfte in Churchills Bett schlafen und hatte beim Essen einen eigenen Stuhl. Inzwischen gibt es bereits mehrere Nachfolger dieses rot gestromten Katers.

Bill Clintons Kater hieß **Socks** – Socken, Strümpfe –; er war schwarz und hatte weiße Pfötchen. Man nannte ihn auch »First Cat«, da er bis 1995 das einzige Haustier im Weißen Haus war.

In der Londoner Downing Street No. 10 lebte der auch über Englands Grenzen hinaus bekannte schwarzweiße Kater **Humphrey**. Er brachte es bis auf Seite 1 der »Times«.

Der englische Schriftsteller und Gelehrte **Samuel Johnson (1709–1784)** besaß einen Kater namens **Hodge**. Dieser ist auf einer Bronzestatue in London vor Johnsons und Hodges einstigem Wohnsitz verewigt.

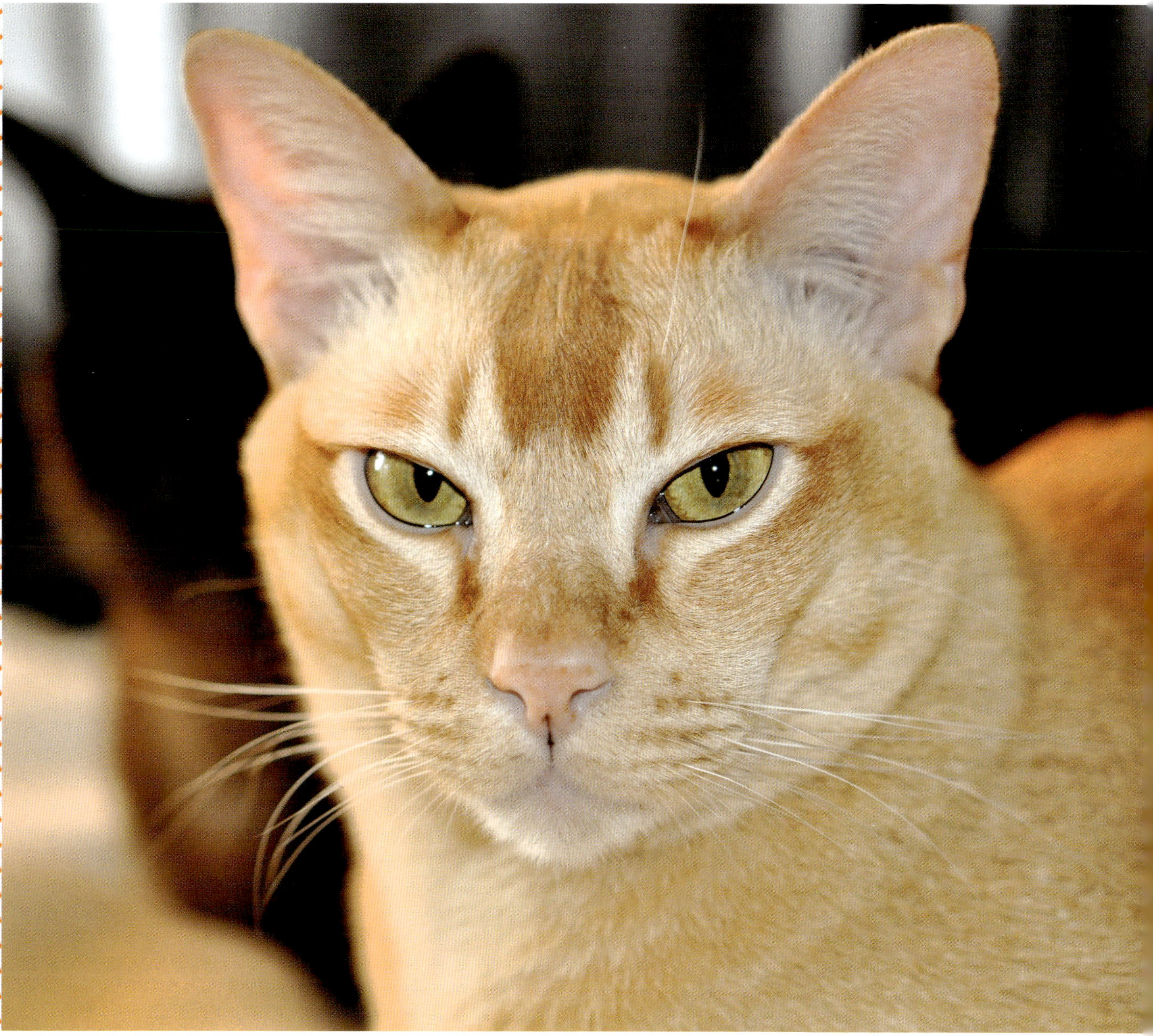

»Wie schön schläft eine Katze,
schläft mit Pfoten und Schwere.«

Pablo Neruda

Gemütliches Schläfchen
zeit zum kuscheln, schnurren, schlafen ...

»Eine Katze sprang aufs Sofa,
reckte sich, legte die Hinterpfoten unter sich
und rollte ihren Schwanz fest darum,
als ob sie verhindern wollte, dass ihre Pfoten
durch Zufall losrausen würden.«

Mary Bly

Man könnte denken, ihre Hauptbeschäftigung sei Dösen, Schlafen, Kuscheln. Sie liegen gern viele Stunden am Tag faul herum und machen genüsslich ihr Nickerchen. So hat jede Katze mehrere Lieblingsplätzchen für ihre Ruhephasen. Abhängig von Wetter, Hunger, Alter und Gesundheit fallen diese mal mehr oder mal weniger intensiv aus. Weiche, kuschelige Plätze mit viel Wärme sind ihnen am allerliebsten.

Zärtliche Streicheleinheiten werden ausgiebig ganz nach Lust und Laune ausgekostet. Unter behaglichem Schnurren rekeln sie sich dann wohlig, genießen die Nähe und zeigen ihr verschmustes, sanftes Wesen.

Barny · Peppi · Darius · Danilo · Leo
Willi · Luna · Rodriguez · Mucki · Luna

Wir danken allen Katzen und ihren Besitzern ganz herzlich für ihre Zeit und ihre tolle, geduldige Mitarbeit.

Leo · Findus · Nero · Pauli · Shylock
Baby · Duffy · Meggy · Moritz · Cora

Flecki	Strolchi	Giacomo	Tiger	Minou
Chibi	Momoko	Schneewittchen	Bärli	Tigerle

alle hauptdarsteller auf einen blick

Luna	Minka	Sunny	Zamperl	Flora
Tiny	Mieze	Miezemama	Purzel	Tiger

*»Die Katze schmeichelt uns nicht,
sie lässt sich von uns schmeicheln.«*

Antoine Comte de Rivarol

Impressum

Copyright © 2010 by Cadmos Verlag, Schwarzenbek

Redaktion, Gestaltung, Satz und Bildreproduktion:
Graphit – Eva-Maria Stadler, Isabel Wintterlin, München-Germering
Titelfoto und Fotos im Innenteil:
Graphit – Eva-Maria Stadler, Isabel Wintterlin
Druck und Bindung: Westermann Druck, Zwickau

Deutsche Nationalbibliothek – CIP-Einheitsaufnahme
Die Deutsche Nationalbibliothek verzeichnet diese Publikation in der Deutschen Nationalbibliografie; detaillierte bibliografische Daten sind im Internet über http://dnb.ddb.de abrufbar.

Alle Rechte vorbehalten.

Abdruck oder Speicherung in elektronischen Medien nur nach vorheriger schriftlicher Genehmigung durch den Verlag.

Printed in Germany

ISBN: 978-3-8404-3007-7

Quellennachweis Märchen

Brüder Grimm, »Der Fuchs und die Katze«
aus »Grimms Märchen, Gesamtausgabe«, © Gondrom Verlag, Bayreuth 1978
Brüder Grimm, »Der gestiefelte Kater«
aus »Mein großes Märchenbuch«, © Verlag Carl Ueberreuter, Wien 1994
Ludwig Bechstein, »Das Kätzchen und die Stricknadeln«
aus »Ludwig Richters Familienhausbuch«, © Opera Verlag, Hünstetten 1978